日本手話とろう教育

日本語能力主義をこえて

クァク・ジョンナン

生活書院

はしがき

　わたしは韓国出身の留学生である。近年、韓国では、重度聴覚障害があると診断されたろう児のほとんどが人工内耳の手術を受けている。韓国では2015年現在15校のろう学校があるが、韓国手話で教えているろう学校はまだない。日本手話によるろう教育の取り組みを韓国に紹介したいと思い、明晴学園に興味をもつようになった。日本に来れば日本手話によるろう教育がどのように作られてきたのか、そのプロセスを明らかにした資料がたくさんあるだろうと思っていたが、意外とそのような資料はなかった。龍の子学園や明晴学園の関係者によるいくつかの書籍はあるものの、誰によってどのような過程を経て現在に至ったのかを詳細に書いたものはなかった。

　周りの人に明晴学園のことを調べたいというと、「あそこは情報を出さないよ」といわれたこともある。まずわたしは、「ろう文化宣言」で有名な木村晴美と市田泰弘が活動していたDプロというろう者と聴者が参加していた組織の資料を探そうと思った。大学の近所の嵐山に日本手話研究所があったので、訪問してみた。韓国からの留学生が訪問したためなのか、Dプロの資料を探しにきたためなのかはわからないが、手話研究所の元所長であるAさんが対応してくれた。Aさんは全日本ろうあ連盟の代表をつとめた人物である。AさんからDプロや明晴学園についていろいろ教えていただいた。

　その後、東京都品川区にある明晴学園（http://www.meiseigakuen.ed.jp/）に見学を申請し、みにいった。日本手話がわからないため、詳しい授業の内容がわからなかったが、教師とろう児が話し合いながら授業を進めていた。これまでのろう教育は聞こえない・聞こえにくいろう児に音声言語を身につけさせる聴覚口話法が支配的だった。手話を取り入れている学校は増えているものの、それは補助的な場合がおおい。つまり、手話で教えるのが前提ではなく、音声言語を身につけることを目標としていることから、教師の手話能力には個人差がおおきい。このような状況は、韓国も日本も同様であ

る。明晴学園の授業をみて、韓国でみたあるろう学校の授業の様子が思い起こされた。手話ができず、教えることはおろか、生徒とコミュニケーションが取れず、苦労していたある教師の様子である。見学を終え、東京都大田区にあるNPO法人バイリンガル・バイカルチュラルろう教育センター（http://www.bbed.org/）をたずねた。センターにつくまえに道に迷ってしまったこともあり、誰もいなかった。となりのNPO事務室の人が、センターの関係者にわざわざ電話をかけてくれた。電話に出てくれた人は、玉田さとみ（たまだ・さとみ）さんという方だった。玉田さんは、ろう児の親であり、バイリンガル・バイカルチュラルセンターを立ち上げた人物でもある。「明晴学園のことを調べたい」とわたしは必死に話した。玉田さんに「家まで来てくれないか」といわれ、自宅を訪問した。玉田さんは熱い人だった。玉田さんから聞いた話は、手話研究所で聞いた話とは違っていた。その意見の違いが面白かった。

　調べているうちに、日本手話と日本語対応手話の区別をめぐって、ろう者コミュニティ内部で意見が分かれていることがわかってきた。日本手話は日本語とは異なる文法をもつ別の言語である。一方、日本語対応手話は、日本語を話しながら手話をならべるものである。日本の聴覚障害者組織である全日本ろうあ連盟は、日本手話と日本語対応手話を区別することに賛同していない。また、「日本の手話は一つである」という主張があることも知るようになった。とくに、日本手話によるろう教育の実施をもとめた2003年のろう児とその保護者による人権救済申立について、全日本ろうあ連盟が懸念を示したことは、外国からきたわたしにとっては興味深いできごとでもあった。

　しかし、すこしずつわたしの関心は、日本手話と日本語対応手話をめぐるろう者コミュニティ内部の葛藤ではなく、日本手話をとりまく日本社会のありかたにうつるようになった。「日本の手話は一つである」という主張は、マイノリティ内部の団結を強調する主張である。手話をめぐるろう者コミュニティ内部の争いは、日本手話と主流言語である日本語の関係性に影響を受けている。日本は、アイヌ語、琉球語、朝鮮語、さまざまな移民の言語や方言、そして手話言語を話す人が生活している多言語社会である。日本社会は、わたしのように日本語を母語としない人が暮らしやすい社会になっているだ

ろうか。日本語だけを重視し尊重する社会と日本語の獲得を第一目標とするろう教育は深く関係しているのではないだろうか。

　本書のねらいは、次の二つである。まず、日本手話によるろう教育を一つの選択肢としてひろげること。次に、日本手話によるろう教育を取り上げ、多言語社会における公教育のありかたを検討することである。日本では100校ほどのろう学校があるが、日本手話によるろう教育を実践しているろう学校は、私立学校である明晴学園のみである。公立ろう学校としては北海道札幌聾学校が小学部で日本手話グループを運営している。日本手話によるろう教育を希望するろう児やその保護者は全国にいる。つまり、日本手話で学びたいと思っているろう者の言語的権利が十分に保障されているとは言いがたいのである。ろう教育の問題は、ろう教育内部の問題だけでなく、少数言語をめぐる社会の価値観と深くかかわっている。また、その価値観とは、聞こえない・聞こえにくいという身体をめぐる社会の価値観とかかわっている。「日本では日本語で」という意識、「聞こえないよりは聞こえたほうがよい」という価値観を問いなおすのが、本書の本当のねらいである。

　次に、本書の構成について述べる。本書は、序章・終章を除き6章となっている。

　まず、第1章では、歴史的な観点から、日本のろう教育における手話論を検討し、ろう教育における手話言語の位置づけを論じた。とくに、口話法の主張だけでなく、手話法を支持したろう教育の専門家はろう者の手話をどのように規定したのかを述べている。

　第2章は、日本手話によるろう教育を実践したフリースクール龍の子学園の前史として、日本のろう文化運動から、日本手話によるろう教育の実践がどのような過程を経て生まれたのかについて記述している。

　第3章は、1999年4月から2008年3月までのフリースクール龍の子学園の展開過程を詳細に記述している。

　第4章では、学校法人明晴学園の設立の経緯を詳細に記述したうえでその特徴について述べている。第2章、第3章、第4章は、龍の子学園、明晴学園の一次資料の分析に加え、龍の子学園、明晴学園の中心人物への聞き取り調査にもとづいている。ろう者への聞き取り調査は、手話通訳を利用した。

第5章では、日本手話によるろう教育を実施している教育機関が限られているのはなぜかという問いを立て、近年のろう教育の言語環境に大きな影響をあたえている「聴覚障害の早期診断・早期療育の医療化」、「新生児聴覚スクリーニング検査の導入」、「人工内耳の低年齢化」など聴覚障害のある身体への医療の介入がどのように行われているか、その現状を具体的に確認している。

　第6章は、日本手話によるろう教育に立ちはだかっているもう一つの価値観である、日本語能力主義を批判的に論じている。言語権や社会言語学の視点から、主流言語である日本語の学習にかかわる問題に焦点をあて、日本手話と日本語の読み書きによる二言語教育のありかたを再検討している。

　以上の構成からもわかるように、この本は日本手話によるろう教育を実施している明晴学園が現在に至ったその経緯を記述した部分と、それをめぐる日本社会のありかたを問いなおした部分にわけられている。日本手話によるろう教育は、日本手話と日本語の読み書きによるバイリンガルろう教育をめざしている。聞こえない・聞こえにくい人にとって聞き取りにくい音声日本語よりも日本語の読み書きがわかりやすいからである。つまり、本書は、日本手話と日本語の読み書きによるバイリンガルろう教育の内と外について取り上げている。その際、本書では言語権という理念を議論の軸とした。言語権は、少数言語話者がみずからの言語でいきる権利を主張するものである。ろう者がみずからの言語で学ぶ権利を保障するためには、社会の価値観を問いなおしていく必要がある。これは、日本を多言語社会ととらえ、非日本語話者の権利を学校、医療、行政手続きなど、あらゆる場において保障していくことである。そのなかで、学校教育のありかたを問いなおす必要があるのであり、ろう教育の課題とは、外国とつながりのある子どもへの教育や、外国人学校・民族学校の課題でもある。本書が、日本手話によるろう教育を一つの選択肢としてひろげることだけでなく、多言語社会である日本のありかたを問いなおすことに少しでも役立つことを願う。日本社会が手話言語を話すろう者だけでなく、わたしのような日本語を母語としない人を含め、さまざまな言語的マイノリティが住みやすい社会になってほしい。

日本手話とろう教育
日本語能力主義をこえて

目次

はしがき　*3*

序　章

1. 問題設定と目的　*13*
2. 先行研究の検討　*16*
   - 2.1　ろう教育における先行研究　*16*
   - 2.2　言語権や社会言語学の視点から日本手話によるろう教育に注目した先行研究　*21*
   - 2.3　まとめ　*22*
3. 用語の解説　*25*
   - 3.1.　日本手話　*25*
   - 3.2.　ろう者　*27*
4. 研究方法　*28*
5. 本書の構成　*29*

第1章　日本のろう教育は手話をどのように位置づけてきたか

1. はじめに　*33*
2. 戦前のろう教育における手話論　*35*
   - 2.1.　口話主義者からみた手話論　*35*
   - 2.2.　高橋潔の手話論　*39*
3. 戦後のろう教育における手話論　*41*
   - 3.1.　手話妨害論　*41*
   - 3.2.　手話も必要論　*44*
4. ろう教育における手話のありかた――同時法的手話の登場　*46*
   - 4.1.　同時法的手話の登場　*46*
   - 4.2.　「同時法的手話」からみた「伝統的手話」　*49*
5. 手話コミュニケーション研究会による「日本語対応手話」　*52*
6. 日本手話と日本語対応手話の区別について　*56*
7. おわりに　*61*

第2章　日本手話によるろう教育をめざしてⅠ
——フリースクール「龍の子学園」開校前史

1. はじめに　*64*
2. 日本のろう教育を取り巻く状況　*66*
   - 2.1. 1980年代以前のろう教育　*66*
   - 2.2. 1980年代後半の運動——「ろう教育に手話を」　*67*
   - 2.3. バイリンガルろう教育の輸入と人工内耳　*68*
3. Dプロの発足とろう文化運動　*69*
4. Dプロろう教育チームの設立と活動　*72*
   - 4.1. Dプロろう教育チームの設立背景　*72*
   - 4.2. Dプロろう教育チームの結成　*74*
   - 4.3. 「フリースクール」との出会い　*77*
   - 4.4. 成人ろう者とろう児が出会う場所としてのデフフリースクール　*78*
5. おわりに　*80*

第3章　日本手話によるろう教育をめざしてⅡ
——フリースクール「龍の子学園」開校とその展開

1. はじめに　*84*
2. 龍の子学園の概要と展開過程　*85*
3. 龍の子学園がめざしたろう教育のあり方　*94*
   - 3.1. 龍の子学園の理念「人間教育を！」　*94*
   - 3.2. 共通言語としての日本手話　*95*
   - 3.3. 既存のろう教育を変えるための活動　*98*
4. 「聴者がろう児に教える」から「ろう者がろう児に教える」へ　*99*
   - 4.1. ろう者と聴者の役割分担　*100*
   - 4.2. ろう者がろう児に教える　*103*
5. おわりに　*105*

第4章　学校法人「明晴学園」の設立とその特色

1. はじめに　*107*
2. 学校法人「明晴学園」の開校経緯　*108*
    2.1. 構造改革特別区域の教育特区　*108*
    2.2. ろう児の人権救済申立　*110*
    2.3. 学校設立に必要な資金を確保するための保護者の募金活動　*112*
    2.4. 校地・校舎／教育課程／教員の確保　*113*
    2.5. 明晴学園という校名　*114*
3. 明晴学園の概要と特徴　*116*
    3.1. 明晴学園の教育活動　*116*
    3.2. バイリンガルろう教育をささえるための活動　*122*
4. おわりに　*125*

第5章　日本手話によるろう教育に立ちはだかるもの──聴能主義

1. はじめに　*129*
2. 聴覚障害の早期診断・早期療育の医療化　*130*
    2.1. 新生児聴覚スクリーニング検査の導入　*130*
    2.2. 人工内耳の低年齢化　*131*
    2.3. 先天性難聴の遺伝子検査の普及　*133*
3. 障害の社会モデルからの検討　*135*
    3.1. 「聴能主義」という用語　*135*
    3.2. バリアは社会のほうにある　*137*
4. 医療偏重がろう教育にもたらしているもの　*139*
    4.1. 手話の習得・伝承・維持という問題　*139*
    4.2. 「聴覚」を支援する学校　*142*
5. おわりに　*144*

第6章 バイリンガルろう教育の再検討——日本語能力主義をこえて

1. はじめに　*149*
2. ろう教育における日本語指導　*150*
   - 2.1. ろう教育の専門家からみたろう児の日本語の読み書き能力　*151*
   - 2.2. 聴能主義と日本語指導　*152*
3. 識字研究からみた日本語指導　*153*
4. 社会言語学からみた日本語指導——だれのためのバイリンガル教育なのか　*156*
5. 言語権からみたバイリンガルろう教育　*158*
6. おわりに　*162*

終　章

1. 総括　*165*
2. 日本手話によるろう教育を広げていくために　*171*

あとがき——感謝をこめて　*175*
初出一覧　*178*
参考文献　*179*

序　章

1. 問題設定と目的

　現在、社会言語学の領域では日本は多言語社会であり、アイヌ語、琉球語、朝鮮語、その他、様々な移民の言語や方言、そして手話言語を話す人が生活していると認識されている（さなだ、しょうじ編 2005）[1]。しかし、これまで日本社会では少数言語の存在が無視されたり、軽んじられたりしてきた。日本の公教育では長い間、外国語科目をのぞけば、日本語のみによるモノリンガル（単一言語）教育が実施されてきた。これまで日本の公教育では多言語の共存ではなく、日本語への同化が進められてきたといえる。しかし、近年になって言語権という理念が認知されるようになり、日本語だけに価値を置くような教育は問題視されるようになってきている（おおた 2002）。

　かどや・ひでのりによれば、言語権は「少数言語の話者集団が、おおくの場合に国家語となっている大言語話者の集団のなかで、みずからが言語的におかれている位置にかんして、異議もうしたてをおこなう根拠とするためにつくりだされた権利概念である」（かどや 2012: 108）。つまり、言語権の対象となるのは、主流言語との関係において周辺的な立場におかれている少数言語である。そのような意味において、木村護郎クリストフ（きむら・ごろうくりすとふ）は、「言うまでもなく、言語権はだれがどこでも好きな言語を使ってよいという権利ではなく、ある言語の話者に対して不平等・不都合がある場合に問題になりうる」ものであると述べている（きむら・ごろうくりすとふ 2011: 14）[2]。すなわち、木村が指摘しているように「言語権の主体」は「『言語』ではなく『人間』」である（きむら・ごろうくりすとふ 2011: 13）。木村は、言語権の主要な軸は次の二つであると述べている。「ひとつは、自らが帰属意識をもつ集団の言語を習得・使用する権利であり、もうひとつは当該地域や国で広く使われる言語を学習・使用する権利である」（きむら・

ごろうくりすとふ 2011: 13)。

　本書では、このような言語権の観点から、日本社会で生活しているさまざまな言語的マイノリティのうち手話言語を話す人の言語問題を取り上げる。ここでいう言語問題とは、言語そのものの問題ではなく、手話言語を話す人が日本社会でどのような位置におかれてきたかという社会問題として手話言語の問題を取り上げることを意味する。イ・ヨンスクが指摘したように「ろう者の手話は独立した言語であ」り、「日本には日本手話を母語とする言語集団が存在する」(イ 2006: 10)。にもかかわらず、これまで日本の公教育ではろう者がろう者の言語（日本手話）で学ぶことができない状況が長年続いてきた。

　これまで日本のろう教育は、聴覚口話法による音声日本語の習得に重点を置いてきた。聴覚口話法とは、口の形や補聴器などを活用しながら音声言語を身につける言語指導法である。聴覚口話法によるろう教育のもうひとつの重要な目標は、日本語を日本語で教え、ろう児に日本語の書きことばを獲得させることである。近年では手話を活用することが必要であるとされ、多くのろう学校では手話を取り入れた教育を実施している。ろう学校で使用されている手話は、音声日本語を話しながら手話単語をもちいるものである場合が多い。それは日本語に対応するという意味として日本語対応手話と呼ばれているものである。ろう者コミュニティのなかで使用されている日本手話は日本語とは異なる言語である。多くのろう学校で、日本手話ではなく日本語対応手話が用いられている理由は、日本語の文法を基盤とする日本語対応手話がろう児に日本語を獲得させるためにはよりよいとされてきたからである。また、日本のろう学校に勤務している教師の多くは聞こえる人（聴者）である。そのうち、日本手話で教えることができる聴者は限られている（なかしま 2013)。つまり、これまで日本のろう教育では、ろう児に日本語を獲得させるためには音声日本語を基盤とした日本語対応手話がふさわしいとされ、日本手話は教育言語として使用されてこなかった。

　そのようななか、2008 年に、日本手話ですべての教育を行う学校法人明晴学園が開校した。明晴学園は、ろう児の第一言語である手話を教育言語として使用し、日本語の読み書きを第二言語として教育するバイリンガル（二

言語）ろう教育を行っている。明晴学園の設立の意義について、木村護郎クリストフは、「義務教育の枠内ではじめて日本語以外の土着の少数言語を主な教授言語とする学校である」と評価している（きむら 2015: 9）。木村は、日本手話によるろう教育と音声言語における少数言語との関連性について次のように述べている。

> 日本手話は一方では日本の固有の言語の一つである。他方で教育および社会生活に関してろう者が直面する言語問題は、母語と社会の多数派言語の双方の教育・使用に問題を抱える点、むしろ移住者の言語問題に類似する面がある。こうした意味で他の言語的少数者の間をつなぐような位置づけにあるろう者の言語権が認知されることは新旧の音声言語的少数者にとっても応用可能な帰結をもたらすだろう（きむら 2010: 14-15）。

　たとえば、日本語を第一言語（母語）としない外国とのつながりのある子どもの場合、主流言語である日本語を学習する権利が保障される必要がある（きむら・ごろうくりすとふ 2011）。その場合、日本語学習だけでなく、みずからの第一言語（母語）を使用・維持するという「言語問題」もかかえている（きむら・ごろうくりすとふ 2011; せがわ 2011）。日本手話によるろう教育も、第一言語である日本手話と主流言語である日本語をどのように位置づけていくかという言語問題をかかえている。その意味で、日本手話によるろう教育はろう者の言語的権利の問題だけでなく、音声言語における言語的マイノリティの言語権とも深いかかわりをもつものである。このような問題意識から、本書では、言語的マイノリティであるろう者がみずからのことばで学ぶ権利がどのような社会的状況におかれているかを明らかにする。すなわち、本書の目的は、言語権の観点から、日本手話と日本語の読み書きによるバイリンガルろう教育の展開に注目し、これまでの日本のろう教育が日本語の獲得を第一目標としてきたことの問題を問いなおすことである。

2. 先行研究の検討

　日本手話を教育言語とするろう教育にかんする先行研究は、主にろう教育研究の分野と社会言語学の分野において行われてきた。以下では、ろう教育の分野で行われた先行研究と言語権や社会言語学の視点による先行研究について述べる。その上で、本書の位置づけを示す。

2.1. ろう教育における先行研究

　日本では1990年代以降、ろう者が日常生活で使用する日本手話やろう文化にたいして学術的な関心が向けられるようになった。1993年に文部省（当時）は「聴覚障害児のコミュニケーション手段に関する調査研究協力報告」を出し、聴覚口話法以外のさまざまなコミュニケーション手段として一部の時間に限定して「手話の導入」を認めた（文部省初等中等教育局特殊教育課1993）。それまで文部省は、ろう教育において手話を「活用」することを認めていなかったのである。しかし、ろう学校に通っていたろう児のあいだでは手話が使用されていた。また、ろう学校の中・高等部を担当する教師は、「口話と手話を兼用」しながら授業を進めていた（おだ1990）。それは、学年にあがるとさらに複雑になる教科内容を聴覚口話法だけでろう児につたえることが困難であったためである。

　また、日本のろう教育においては、欧米のバイリンガルろう教育にたいする関心も高まっていた。バイリンガルろう教育は、ろう児の第一言語である手話を教育言語として使用し、主流言語を第二言語として学習するアプローチである。

　そうしたなかで、1995年に木村晴美（きむら・はるみ）と市田泰弘（いちだ・やすひろ）による「ろう文化宣言」が『現代思想』に発表された（きむら、いちだ1995）。「ろう文化宣言」ではろう者の手話を軽んじてきたろう教育の問題が痛烈に批判されており、ろう文化や日本手話にたいする社会的関心が寄せられるようになった。

　そのような背景で、ろう学校においてろう児同士の間で使用されていた手

話をろう教育にどのように位置づけるかが注目されるようになった。それにかかわるろう教育分野における先行研究は、次のように四つにわけることができる。

1）欧米のバイリンガルろう教育にかんする先行研究
2）日本手話の発達アプローチと日本語の読み書きの関係性に注目した研究
3）聴者の価値観が主流になっているろう教育の問題を批判的に検討した研究
4）日本手話によるろう教育を実践してきた関係者による研究

　1）2）3）は、ろう教育分野の研究者による研究である。4）は、既存のろう教育の研究領域から離れたところで行われたろう教育研究であり、当事者研究としての性格をもっている。

1）欧米のバイリンガルろう教育にかんする先行研究
　日本のろう教育における欧米のバイリンガルろう教育に注目した先行研究は、小田侯朗（おだ・よしあき）(1990)、鳥越隆士（とりごえ・たかし）とグニラ・クリスターソン（2003)、鳥越隆士（2009)、草薙進郎（くさなぎ・しんろう）と齋藤友介（さいとう・ゆうすけ）(2010) などがある。
　小田は、日本でそれほど欧米のバイリンガルろう教育が紹介されていなかった時期に、手話と口話を兼用するトータルコミュニケーションとバイリンガルろう教育の違いについて論じている（おだ 1990)。
　鳥越・クリスターソンは、日本にスウェーデンにおけるバイリンガルろう教育を紹介したものである。鳥越・クリスターソンは、スウェーデンのバイリンガルろう教育の歴史、現状そして問題点だけでなく、バイリンガルろう教育の教材の内容や使用方法などについても具体的に紹介している（とりごえ、クリスターソン 2003)。スウェーデンのバイリンガルろう教育の理論、方法そして教材は、日本のバイリンガルろう教育にも影響を与えた。たとえば、明晴学園のバイリンガル教育教材は、スウェーデンの『アダムスブック』という教材をモデルにしたものである。
　鳥越は、人工内耳が普及しているスウェーデンのバイリンガルろう教育

の現状やバイリンガルろう教育が抱えている主流言語の習得にかんするスウェーデンのバイリンガル教育の情報を紹介していたものである（とりごえ 2009）。

　草薙と齋藤は、アメリカにおけるバイリンガルろう教育の動向を紹介したものである。草薙・齋藤は、アメリカ手話（American Sign Language、以下 ASL）によるろう教育の問題点として、ろう児の9割以上が聴者両親をもつことによる保護者とろう児の手話習得の問題、教師の手話能力、ASLから書記英語への移行の問題を指摘する研究を紹介している（くさなぎ、さいとう 2010）。

2）日本手話の発達アプローチと日本語の読み書きの関係性に注目した研究
　ろう児の第一言語である手話と日本語の読み書きの関係性に注目した研究は多数ある。本書で特に注目した先行研究は、鳥越隆士（とりごえ・たかし）(1999)、武居渡（たけい・わたる）(2003; 2008)、阿部敬信（あべ・たかのぶ）(2014) である。

　これらの研究は、言語発達における「生活言語（BICS）」と「学習言語（CALP）」の質的違いに注目している[3)]。BICSは、「Basic Interpersonal Communicative Skills」の略語である。CALPは、「Cognitive Academic Language Proficiency」の略語である。中島和夫（なかじま・かずお）は、「BICSは日常生活に必要な基礎的な対話力、CALPは教科学習をするときに必要な読み書きを中心とした言語能力を指している」と説明している（なかじま 2016: 44）。鳥越は、「従来のように、手話は会話のことば（生活のことば）、音声語は思考のことば（学習のことば）と単純に2分することはできない」と既存のろう教育における言語観の問題を指摘した（とりごえ 1999: 168）。そのうえで、「手話においても会話のことばと思考することば（即ち、リテラシーを担うことば）が存在する」と指摘し、「手話リテラシーの獲得が音声語リテラシーの獲得に促進的な役割を果たす可能性」があると主張した（とりごえ 1999: 168）。

　同じ文脈で、武居はろう児同士の手話を通した「相互交渉」や「手話で議論を深めていくという経験を積む」ことで、「手話リテラシー」を高めるこ

とができると述べている(たけい 2003: 541)。武居は、手話リテラシーを高めることが、「『言語とは何か』、『文法とは何か』というようなメタ言語的知識」を発達させ、「日本手話と日本語との共通点・相違点の理解」につながると述べている(たけい 2003: 541-542)。さらに、武居は「ろう児やろう者にとって、手話は日本語を学ぶためのツールでも必要悪でもなく、彼らがこれから生きていくうえで手話がコミュニケーションのみならず自己のアイデンティティの形成や自己肯定観などの点でも必要不可欠なものである」とろう児の第一言語である手話の役割を重要視している(たけい 2008: 189)。

阿部は、明晴学園における教室談話を分析し、バイリンガル・アプローチがろう児の認知発達や言語発達にどのような影響を与えているかを検証した。阿部は、日本手話による教育の実施が「学習言語」レベルまでの発達を促進しており、その能力が第二言語としての日本語の習得の原動力になっていると述べている(あべ 2014)。

日本手話と日本語によるバイリンガル教育において、第二言語として日本語を習得させるためには日本語対応手話の活用が必要であると主張した研究(いのうえ 2016)もある。

3)聴者の価値観が主流になっているろう教育の問題を批判的に検討した研究

聴覚口話法における障害・言語観の問題を批判的に取り上げた研究(うえのう 2003)や聴者の価値観が主流になっているろう教育システムの問題を批判的に検討した研究(かなざわ 2013)がある。上農正剛(うえのう・せいごう)は、聴覚口話法における障害観は、障害受容、つまり聴覚障害児やその保護者に聞こえないことを受け入れることを強要する一方、聴覚口話法がもたらすアイデンティティの困難、聴覚障害者同士でコミュニケーションができないという問題、低学歴の問題などの結果も本人が引き受けるよう強要するという「ダブルバインド」状態を生産していると批判している。上農は、障害受容を強要する障害観から、聞こえないことやろう者の言語をどのように認識するかという障害認識に転換する必要があると主張している(うえのう 2003)。また上農は、日本手話と日本語の読み書きによるバイリンガルろう教育において、日本語指導を行うためには日本手話と日本語の「比較言語

的指導」が必要であり、そのためには「日本手話の文法構造に対する理解が必要となってくる」と主張している（うえのう 2003: 465）。

　一方、金澤貴之（かなざわ・たかゆき）は、「『手話を教育現場に導入してほしい』と望んできた当事者の主張が、なぜ聾教育の現場において反映されてこなかったか？」ということに主眼をおいている（かなざわ 2013: 6）。金澤は、構築主義アプローチから、「聾者の教育現場における手話の導入の是非を巡る意思決定のあり方」を検討している。金澤は「聾児の親の9割は聴者であり、医療関係者も聾学校教員も、ほとんどが聴者である」とし（同上: 57）、ろう教育の教育現場でのディスコース空間においてろう者はマイノリティになっていると主張している。このような構図によって日本手話によるろう教育の実践（明晴学園の取り組み）は、公教育としてのろう教育の内部ではなく、そこから逸脱する形でその価値を積み重ねてきたと指摘している（かなざわ 2013）。ただ金澤（2013）は、主にろう教育の内部のディスコース空間に関心を寄せており、ろう教育の内部の価値観と深い関係性をもっている社会の価値観についてはそれほど言及していない。

4）日本手話によるろう教育を実践してきた関係者による研究

　日本手話によるろう教育を実践してきた関係者によるものとして、竹内かおり（たけうち・かおり）（2003）、岡典栄（おか・のりえ）（2011）、榧陽子（かや・ようこ）（2012）、佐々木倫子（ささき・みちこ）編（2012）、斉藤道雄（さいとう・みちお）（2016）などがある。また、日本手話によるろう教育を選択した保護者によるものとして、岡本みどり（おかもと・みどり）（2001）、玉田さとみ（たまだ・さとみ）（2011; 2012）がある。竹内は、明晴学園の前身である「龍の子学園」の取り組みについて（たけうち 2003）、岡や榧は明晴学園の実践やその特徴について紹介している（おか 2011; かや 2012）。長谷部倫子（はせべ・ともこ）、小野広祐（おの・こうすけ）は、日本手話によるろう教育の実践にたずさわるようになった経緯や既存のろう教育にたいする問題意識について述べている（はせべ 2003; おの 2003）。斉藤は日本手話によるろう教育にたいするろう教育のまなざしについて検討している。玉田は龍の子学園・明晴学園の運営に関係しているNPO法人バイリンガル・バイカル

チュラルろう教育センターの関係者である。玉田は、日本手話によるろう教育を選択した聴者の保護者の思いだけでなく、保護者として龍の子学園・明晴学園の展開過程にどのようにかかわったのかなどを描いている（さいとう2016）。ただ、関係者による先行研究はこれまでの取り組みのまとめにとどまる傾向がある。また、ろう者や保護者のかかわりについては言及しているが、聴者の関与についてはそれほど述べていない。

2.2 言語権や社会言語学の視点から日本手話によるろう教育に注目した先行研究

　言語権や社会言語学の視点から、ろう教育の問題を取り上げた先行研究として、全国ろう児をもつ親の会編（2003; 2004; 2006）がある。全国ろう児をもつ親の会編（2003）は、言語権を根拠として、日本手話と書記日本語によるバイリンガルろう教育の必要性をうったえたものである。特に、「私たちの子どもはろう児です。ろう児は将来ろう者となります。ろう児とろう者の母語は日本手話です（略）」という内容の「ろう児の人権宣言」が掲載されており、ろう教育の言語問題を言語権の問題として位置づけようとした重要な先行研究である。全国ろう児をもつ親の会編（2004; 2006）では、2003年に全国のろう児とその保護者107人が日本弁護士連合会にたいして行った「ろう児の人権救済申立」の経緯が詳細に記録されている。特に、言語を社会問題として取り上げてきた研究者が執筆にくわわった点も、これまでの先行研究とは異なる特色である。そのなかで、イ・ヨンスク（2006）は、言語政策の観点からマイノリティ言語としての手話言語をめぐるEUの事例を取り上げている。木村護郎クリストフ（2004; 2008）は、音声言語における言語的マイノリティとろう者の共通点と相違点について述べながら、ろう教育における言語問題を社会問題として捉えている。また、社会言語学の視点から、日本手話を教育言語としている明晴学園については、多くの文献で言及がある（きむら・ごろうくりすとふ 2010、2011、2015; あべ 2012a; ましこ 2014; なかしま 2015b）。

　特に、木村護郎クリストフは、言語的少数者としてのろう者の特徴について、音声言語的少数者とろう者を次のように比較している（きむら 2008）。

表1　音声言語における言語的少数者とろう者の比較

	主な継承の場	居住形態	同化	分離
音声言語的少数者	家庭	集住傾向	原理的には可能	原理的には可能
ろう者	ろう学校	散在が基本	きわめて困難	きわめて困難

出所：きむら（2008: 24）

　このように、音声言語における少数者と言語的少数者としてのろう者は、その言語の使用や学習（継承）が制限されている点において共通点をもっている。ただ、音声言語における少数者は、おおむね家庭などで親からその言語を習得する場合がおおい。ろう者は一部のデフファミリー（ろう者の保護者をもつろう児）を除き、それができない。9割のろう児は聴者の親をもつからである。また、ろう者の場合、点在していることから、日本手話へのアクセスや習得・継承・維持においてろう学校の役割がおおきい。さらに、木村が指摘しているように人工内耳の技術が発展しても音声言語における少数者に比べるとまったく問題なく言語的多数者（聴者）に同化することは困難である。そのような点から、木村は、「ろう児は言語的少数者のなかでもきわめてバイリンガルろう教育の必要性が高い、と結論づけられる」と述べている（きむら 2008: 27）。また、木村は「ろう教育が選択肢を広げることは、日本社会が言語的・文化的な多様性に開かれることと密接にかかわっている」と述べている（きむら 2008: 31）。その側面からみると、むしろ単一言語主義を推進してきた日本社会において、言語的少数者としてのろう者がどのように位置づけられてきたのか、特にろう教育における日本手話の位置づけをより詳しく検討する必要がある。さらに、近年急増している人工内耳手術など、聞こえない・聞こえにくいという身体をめぐる医療の介入をめぐる問題をより具体的に検討する必要がある。つまり、言語的少数者としてのろう者の問題や言語権を考える際に、ろう者固有の特徴を日本社会との関係性のなかで追及する必要がある。

2.3　まとめ

　以上の先行研究から、本書の問題意識を次のようにまとめることができる。

第一に、欧米のバイリンガルろう教育、日本手話の発達アプローチや日本語の獲得に注目した研究は、日本手話を教育言語とするろう教育研究の教育的な可能性を広げたと評価できる。また、ろう教育における障害観、言語観の問題を検討した研究は、日本手話を教育言語とするろう教育にたいするろう教育専門家のまなざしを理解するにあたって重要な知見を提供している。さらに、日本手話によるろう教育の必要性をうったえている当事者の意見があるのにもかかわらず、その意見を外部の意見として構造的に軽視してしまう問題に注目した研究は、日本手話によるろう教育をめぐる公教育の特徴を理解するうえで重要な意義をもっている。ただ、ろう教育分野における先行研究は、一部の研究をのぞき、日本語の獲得という視点から日本手話を教育言語とするろう教育を取り上げている。言語的マイノリティとしてのろう者は、主流言語である日本語を学習する必要がある（とされている）。ただ、その観点から日本手話が論じられてしまうと、ろう者が帰属意識をもつ日本手話は、日本語を学習する手段になってしまうおそれがある。つまり、これまで、周辺的な位置におかれてきた日本手話の地位が固定化するという問題がある。その側面からみると、言語的少数者としてのろう者の観点から日本手話と日本語の関係性を再検討する必要がある。

　第二に、日本手話によるろう教育を実践してきた関係者による先行研究は、既存のろう教育にたいするろう者の問題意識を理解するうえで、重要な意義をもつ。ただ、次のような問題を指摘することができる。
１）日本手話と日本語の読み書きによる二言語教育の意義を強調する傾向があり、その展開過程において社会とのかかわりをどのようにもってきたのかを読み取ることがむずかしい。日本手話によるろう教育をひとつの選択肢として保障するためには、日本手話によるろう教育を実践するろう学校が成立されればよいというわけではない。むしろ、その展開過程においてどのような議論が行われてきたのかをよりほりさげる必要がある。
２）日本手話によるろう教育が誰によってどのような過程を経て現在のような状況に至ったのかについて詳細には明らかにされていない。これまでの日本のろう教育は、金澤が述べたように「聴者が聾児に教える」ものであった

（かなざわ 2001）。ろう者の言語を教育言語とするバイリンガルろう教育において、ろう者と聴者はどのような関係性を築いてきたのかを解明する必要がある。

3）バイリンガルろう教育の意義は論じられているが、課題については十分に論じられていない。たとえば、龍の子学園の関係者は、ろう児が第一言語である日本手話を習得すれば、問題なく日本語の読み書きができると想定していた（たけうち 2003 など）。実際にはどうであったのか。また、その主張は日本語の習得に重きをおく観点に立っていないのか。本研究では、日本手話によるろう教育の展開過程を詳細に描きながら、そのなかでどのような議論があったのかを明らかにする。特に、その過程を詳細に取り上げ、ろう者と聴者の関係性の問題や日本手話によるろう教育が直面せざるをえない困難について考察する。また、日本手話によるろう教育を実践してきた側の主張や言説を批判的に検討する。

　最後に、言語権や社会言語学の観点から論じた先行研究は、ろう教育における日本手話の問題について他の言語的マイノリティとの比較という観点を提供している。これは、多言語社会におけるろう者の社会的地位や学校教育における少数言語としての日本手話の問題を明確にしたという点で、本研究の問題意識とも深くかかわっている。本研究が、言語権の観点から日本手話によるろう教育を取り上げるのは、多言語社会における公教育のありかたを検討するためである。ろう教育を支配する価値観は、ろう教育内部の問題だけでなく、社会の価値観と深くかかわっている。少数言語と主流言語との関係性や少数言語をめぐる社会の価値観のみならず、聞こえない・聞こえにくいという身体をめぐる社会の価値観を問いなおす必要がある。公教育としてのろう教育の現場に日本手話が使用されていない理由として、ろう児の保護者の意見がしばしば取り上げられてきた。ろう児の親の 9 割は聴者であり、その意見を反映した結果であるとされてきたが、聴者保護者の意見やその選択には、社会的な価値観が深く関係しているのではないだろうか。言語や文化の視点からろう者をみた時、ろう者の言語・文化を尊重せず手話を理解しない大多数の聴者との関係性によって、ろう者は障害者になる（きむら

2008; かなざわ 2001)。しかし、言語権の視点から日本手話によるろう教育に注目した先行研究は、聴覚障害をめぐる能力主義の問題を十分に検討しているとは言いがたい。ろう者の多くは、日本手話と日本語のバイリンガルである。聴者の多くが日本語のモノリンガルであることとは異なる。日本手話によるろう教育は、日本手話と日本語の読み書きが可能なバイリンガルをめざす。その時、日本手話と日本語の関係性がどのように成立するのかも、重要な課題である。

これまでの先行研究では、日本手話と日本語の読み書きによる二言語教育の展開過程を詳細に取り上げておらず、関係者によるまとめや事例としての言及にとどまるものがおおい。本研究が日本手話と日本語の読み書きによる二言語教育の歴史に注目する理由は、その歴史のなかで、ろう者の言語をめぐる日本社会の問題を浮きぼりにするためである。

3. 用語の解説

以下では、本書で用いている「日本手話」「ろう者」という用語について述べる。

3.1. 日本手話

ここでは、手話言語の特徴について簡単に説明したうえで、本書でもちいる日本手話という用語の定義について述べる。

手話はろう者が集団を形成したときにできあがるものである。ろう者のおよそ9割は聞こえる親（聴者）の下で生まれる。デフファミリーのなかで生まれ、家庭のなかで手話を習得したネイティブ・サイナーもいる。ただ、ろう児（者）の多くはろう学校でデフファミリーのろう児やほかのろう児に接するなかで手話を習得する。つまり、ろう学校は、点在していたろう児が集まり、手話を習得・継承する代表的な場の一つである[4)]。

手話言語は聴覚障害者が意思疎通するために、音声言語をみえる形で表したものであると誤解されてきたが、手話言語は音声言語とは別の文法をもっている。音声言語と同様に手話言語も国や地域などによって異なる。

手話は視覚言語である。手話は、「手の形、位置、動き、手のひらの向き」という4つの要素の組み合わせによって違う単語を作りあげる（まつおか 2015）。たとえば、同じ手の形をとっていても、手の位置が違うと単語の意味が変わる。また、手話の言語学的な特徴としては、Non Manual Markers（以下、NMM）などがある。NMMは非手指動作と訳される。手の動き以外の手にはあらわれない要素を意味する。頭の動きやあごの位置、視線、口の動き、表情などが、文法的な機能を担っている（たいら 2013；まつおか 2015）。つまり、手話言語は三次元の空間をつかってあらわされる。そのため、手話言語は文字表記をすることには音声言語とは異なる困難さがある。

　また、一般的に手話と呼ばれているもののなかには、日本語とは異なる文法をもつ手話言語だけでなく、日本語の文法に従って手話単語をならべる場合があり、それは「日本語対応手話」「手指日本語」など、さまざまな呼称で表現されてきた[5]。上記で述べたように言語学的には、手話言語は音声言語とは異なる別の言語である。しかし、「手話」という名で呼ばれているものをどのように分類・区別するかは、言語学的な問題というよりは政治的な問題である[6]。日本手話と日本語の文法に従って手話単語をならべるものを区別するためには、日本語対応手話というよりも「手指日本語」と呼んだ方がよいという主張がある（きむら・はるみ 2011）。一方では、日本手話と日本語対応手話を区別することに反対し、「日本の手話は一つである」という主張もある（たかだ 2013）。日本では「日本手話」と「日本語対応手話」を区別せず、ひとくくりに「手話」と呼ぶ場合がおおい。

　近年、日本の多くのろう学校で手話が使用されている。しかし、ろう者コミュニティのなかで使用されている手話は「教育言語としての地位」を得ていない（もり 2005: 160）。「日本語対応手話」とろう者同士で使用されている「日本手話」を区別せず、「手話」と呼んでしまうと、日本手話が教育言語として使用されない状況がそのまま維持され固定化するおそれがある。そのため、本書では、日本手話と日本語対応手話を区別し、日本のろう者コミュニティのなかで使用されている日本語とは異なる文法をもつ手話言語を日本手話と呼ぶ。

3.2. ろう者

　本書でもちいるろう者とは、聴覚障害があると同時に日本手話を日常的にもちいる人をさす。すなわち、本書では「聴覚障害者であると同時に言語的少数者でもある」という意味で「ろう者」という用語を使用する。場合によっては、日本手話を話す人という意味として「日本手話話者」という用語も使用する。日本手話話者とは日本手話を話す人を意味する。

　聴覚障害者のなかにはさまざまなコミュニケーションモードが使用されている。聴力の程度や失聴時期、教育環境、家庭環境、周りの言語環境などによって個人差がある。口話（音声日本語）ができる難聴者や日本語を習得した後に失聴した中途失聴者のなかには、日本語を話しながら手話単語をならべる日本語対応手話を使用する人がいる。また、人工内耳・補聴器をつけている聴覚障害者のなかには、口話だけを使用する人もいる。また、状況によって筆談を主に使用する人もいる。また、ろう者コミュニティのなかでは日本手話を使用するろう者でも、手話がわからない人を相手にする時に口話を一緒に兼用する人もいる。本書において、ろう者、難聴者、中途失聴者という用語を使用する理由は、それぞれの異なる言語的ニーズをあらわすためである。その言語的違いを無視して、聴覚障害者としてひとくくりにしてしまうと、個人個人の言語的ニーズがみえにくくなるおそれがある（きむら、いちだ 1995）。

　ろう者のなかには、日本手話を使用する親のもとにうまれ、家庭のなかで手話を習得したネイティブ・サイナーもいれば、ろう学校で手話を習得した人もいる。学齢期に統合教育を受け、大学や社会で日本手話話者に出会って日本手話を学習した人もいる。その意味で、ネイティブ・サイナーだけをろう者とみなすのは妥当ではない。ろう者のなかにもさまざまなバリエーションがあることを認識すべきである。

　つまり、言語的ニーズや背景をめぐる聴覚障害者の内部の違いや多様性を尊重すべきであるというのが本書の立場である。日本手話をもちいるろう者と日本語対応手話などほかの手話あるいはコミュニケーションモードをもちいる難聴者などとの違いを認識する必要がある。日本手話をもちいるろう者のうちにもネイティブ・サイナーや成人になって日本手話に乗り換えた人な

ど多様性があることを認識する必要がある。

4. 研究方法

　日本手話と日本語の読み書きによるろう教育の展開過程を詳細に明らかにするために、龍の子学園、明晴学園の活動が記録されている一次資料を分析した。また、関係者への聞き取り調査を実施した。そのほか、明晴学園、バイリンガル・バイカルチュラルろう教育センターへの見学、参与観察を行った。公立ろう学校への状況を確認するために、2015 年 12 月 18 日、2016 年 1 月 12 日に関西地域にある二つの公立ろう学校への見学を実施した。
　本研究で参考にした一次資料の目録は次のとおりである。
　①ミニコミ誌『D』1 号～8 号（1991 年～1993 年）、②D プロのパンフレット、③龍の子学園の議事録（1999 年～2004 年）、④D プロの「ろう教育を考える会」の議事録（1998 年）、⑤ろう児の人権救済申立を準備する会であった「弁護士会」の議事録（1999 年～2003 年）、⑥機関誌『たつの子通信』1 号～59 号（1999 年～2004 年）、⑦『龍の子学園実践発表会実践発表資料集』（1999 年度、2000 年度、2001 年度）、⑧『バイリンガル・バイカルチュラルろう教育研究大会予稿集』（第 1 回～第 4 回）（2003 年～2006）、⑨学校法人明晴学園の報告書『子どもが学校を作る──ろう児のリテラシー』（学校法人明晴学園 2010）、『子どもが学校を作る──しかあり』（学校法人明晴学園 2011）、『子どもが学校を作る──アイデンティティとは何か』（学校法人明晴学園 2012）、『子どもが学校を作る──バランス力』（学校法人明晴学園 2013）、『手話で学ぶ──2014 年度明晴学園研究集録』（学校法人明晴学園 2014）、『明晴学園教育課程』（学校法人明晴学園 2014）など、⑩明晴学園のニュースレター No.1～No.24（2010 年 4 月～2016 年 1 月）、⑪全国ろう児をもつ親の会やバイリンガル・バイカルチュラルろう教育センター紹介パンフレット、⑫そのほか、会議や活動を撮影した映像等である。
　聞き取りした人物は次のとおりである（名前や詳細な情報は、各章に記載する）。ろう者への聞き取りは通訳会社に手話通訳を依頼した。
①D プロろう教育チームのメンバー（ろう者 3 人、聴者 1 人）

2012 年 9 月 3 日〜5 日、2012 年 10 月 15 日、2012 年 11 月 22 日、2013 年 12 月 4 日
②龍の子学園の関係者（ろう者 3 人、聴者 2 人、コーダ[7] 1 人）
　2015 年 6 月 15 日〜6 月 19 日
③ NPO 法人バイリンガル・バイカルチュラルの関係者 1 人（2015 年 6 月 17 日、19 日、2016 年 3 月 22 日）、明晴学園の保護者 1 人（2015 年 6 月 19 日）
④明晴学園の初代校長・現理事長（聴者）、現校長（ろう者）、教師（ろう者 1 人、聴者 2 人）
　2013 年 12 月 4 日、2015 年 6 月 16 日〜6 月 19 日、2016 年 3 月 22 日

5．本書の構成

　本書は、序章・終章を含め 8 章で構成されている。
　まず第 1 章では、日本のろう教育における手話論を検討し、ろう教育における手話言語の位置づけを明らかにする。それらをとおして、日本手話によるろう教育が登場するようになった背景を歴史的に概観する。歴史的な観点から、戦前のろう教育における手話論と戦後のろう教育における手話論にわけ、1990 年代以前の日本のろう教育における手話論に注目する。「手話」と一言でいっても、手話を語る人の立場や認識によって、その中身は一致していない場合がある。ここでは、ろう教育の教育者が手話や日本語という言語カテゴリーをどのように規定してきたのかを確認する。また、口話法の主張だけでなく、手話法を支持した聴者の手話論を詳しく取り上げる。戦前のろう教育における手話論として、口話主義者からみた手話論と高橋潔の手話論について検討する。戦後のろう教育における手話論として、手話が教育言語として不適切であると認識した側の主張と手話導入の必要性をうったえた側の主張を分けて確認する。特に 1968 年に栃木県立聾学校の田上隆司をはじめとする同校教員らが、手話使用の必要性を積極的にアピールしながら考案した「同時法的手話」を取り上げる。「同時法的手話」を考案したろう教育の専門家はろう者の手話をどのように規定したのかを確認する。「同時法的手話」をそのままひきついだ 1980 年代の「手話コミュニケーション研究会」

の手話論を確認する。1980年代後半に「日本手話」の名称や「日本手話」と「日本語対応手話」を区別する議論がどのように展開されてきたのかを確認する。

　第2章では、日本のろう文化運動から、日本手話によるろう教育の実践がどのような過程を経て生まれてきたのかを明らかにする。本章の内容は、日本手話によるろう教育を実践したフリースクール龍の子学園の前史に該当する。ここでは、第一に、龍の子学園設立の背景にある時代的・社会的文脈がどのようなものであったのかということに注目する。また第二に、そうした背景のもとに、どのような人たちが集まって日本手話を教育言語とする空間を作ることになったのかということも論じる。こうした社会的文脈を明らかにするために、文献調査だけでなく、フリースクール龍の子学園の設立にかかわった中心人物への聞き取り調査を実施した。

　第3章では、1999年4月から2008年3月までのフリースクール龍の子学園の展開過程を詳細に記述する。龍の子学園の展開過程をくわしく記述するだけでなく、龍の子学園の教育実践を分析することによって、ろう者と聴者の関係性の問題やろう教育が直面せざるをえない困難について考察する。ここにおいても、龍の子学園の一次資料の分析に加え、龍の子学園の中心人物への聞き取り調査を実施した。

　第4章では、学校法人明晴学園の設立の経緯やその特徴について述べる。フリースクール龍の子学園は、2008年に学校法人明晴学園になった。明晴学園は、構造改革特別区域の教育特区制度を活用することで、学校教育法の第一条で定められた「学校」として開校した。明晴学園には「学校」に適用される法的措置が適用される。学校法人明晴学園の開校の経緯として、構造改革特別区域の教育特区、ろう児の人権救済申立、学校設立に必要な資金を確保するための保護者の募金活動、校地・校舎／教育課程／教員の確保などについて述べる。明晴学園の概要と特徴については、明晴学園がめざしている「バイリンガル・バイカルチュラルろう教育」の内容と、教科編成の特徴などを取り上げる。バイリンガルろう教育をささえるための活動として、保護者を対象とした手話教育、進学先への情報保障などについて述べる。ここでも、明晴学園の一次資料の分析に加え、明晴学園の初代校長、現校長、現

理事長、NPO法人バイリンガル・バイカルチュラルろう教育センターの関係者などへの聞き取り調査を実施した。

　第5章では、日本手話によるろう教育を実施している教育機関が限られているのはなぜかという問いを立て、近年のろう教育の言語環境に大きな影響をあたえている「聴覚障害の早期診断・早期療育の医療化」を検討する。まず、新生児聴覚スクリーニング検査の導入、人工内耳の低年齢化、先天性難聴の遺伝子検査の普及を中心に、聴覚障害のある身体への医療の介入がどのように行われているか、その現状を具体的に確認する。そのうえで、障害の社会モデルの視点から、聴覚障害をめぐる価値観の問題を問いなおす。また、聴覚障害にたいする医療の介入が、ろう教育をどのように規定しているかを検討する。

　第6章では、日本手話によるろう教育に立ちはだかっているもう一つの価値観である、日本語能力主義を批判的に検討する。言語権の視点から、主流言語である日本語の学習にかかわる問題に焦点をあて、日本手話と日本語の読み書きによる二言語教育のありかたを再検討する。日本手話と日本語の読み書きによる二言語教育は、従来のろう教育における日本語中心主義を批判しながら登場した。まず、ろう教育における日本語指導がどのように語られてきたのかを確認する。そのうえで、識字研究の議論から、ろう教育における識字観を検討する。社会言語学の視点から、ろう者の言語だけでなく、主流言語である日本語の読み書きを学ぶことでの社会参加や「共生」をめざしている、日本手話と日本語の読み書きによる二言語教育を再検討する。言語権や社会言語学の観点から、二つの言語を同じ水準で使いこなすことを意味する「バランス・バイリンガル」という言語理論を検討し、ろう者の言語権を保障するバイリンガル教育のありかたを提示する。

［注］
1　アイヌ民族に対する差別や日本語への同化教育によって現在、アイヌ語を生活言語として用いている人はきわめて少ない。ただ、アイヌ語を維持・継承していこうというアイヌ語継承運動などが行われており、中川裕（なかがわ・ひろし）は「ネイティブ・スピーカーとしての世代が消滅しても、アイヌ語話者がゼロになることはないといえそうな状況が現出しつつある」と述べている（なかがわ 2005: 165）。

2 聞こえない・聞こえにくい人やその保護者には、音声言語を習得する権利があるという主張がある。また、話しことばは聞き取れなくても、「音を享受する権利」があるという主張がある（おおぬま 2012）。ただ、言語権は、主流言語との関係において周辺的な立場におかれている少数言語の権利をさす。言語権の視点からろう者の言語権をみるときに重要なことは、日本手話話者がその言語の習得・使用・伝承において構造的な困難を強いられていることである。
3 鳥越は、主に「生活言語」に該当する手話を「一次的話しことば」、「学習言語」に該当する手話を「二次的話しことば」と表現している（とりごえ 1999）。武居は、前者を「コミュニケーションとしての手話」、後者を「今ここを超えた記号としての手話」と表現している（たけい 2008）。
4 山本真弓（やまもと・まゆみ）らは「ろう学校だけでなく、ろう者がひんぱんにあつまるろうあ協会などにおいても手話の継承が行われる」と述べている（やまもと編 2004: 204）。本書では、第2章にとりあげたDプロろう教育チームや第3章の成人ろう者とろう児が出会う場所として機能したデフフリースクール龍の子学園の活動を参照すること。
5 手話言語学を専門とする松岡和美（まつおか・かずみ）は、「日本の手指コミュニケーション法と手話言語」を、「手指日本語（日本語対応手話）」、「混成手話（中間手話）」、「日本手話」とわけて区分している（まつおか 2015: 9-11）。松岡は、「手指日本語（日本語対応手話）」は「日本語の文法通りに手指表現を並べた」ものであると述べている（同上：10）。松岡の説明を要約すると「混成手話（中間手話）」は、「手指日本語」よりも日本手話の文法的要素が含まれたものである（同上）。
6 たとえば、「日本で使われる日本語」というとき、その「日本語」に、沖縄のことばは含まれるのだろうか。この点について、山本真弓（やまもと・まゆみ）らは、次のように述べている。

　　［…］沖縄で話されていたことばは、沖縄の外で話されていた日本語の話者には〈通じない〉にもかかわらず、それが話されている地域が日本国の領土内にとりこまれ、日本国が日本国内に日本語以外の言語の存在を認めようとしない「一国家、一言語」の理念と政策を推し進めたために、日本語という言語の沖縄方言（琉球方言）と呼ばれるようになったのである。もしこれを沖縄方言ではなく沖縄語と呼ぶことにしたならば、そこには、このことばは日本語とはまったく別の独立したひとつの言語である、という意味が込められているということになる。そして、沖縄は日本とは異なる固有の歴史と文化をもっているという立場に立てば、「沖縄語」という呼称を採用する方が都合がいいし、沖縄は日本の一部であるという立場に立てば、「沖縄方言」と言わなければ「一国家、一言語」の理念に合わなくなるのである（山本編 2004：49-50）。

　　すなわち、「同じ言語」「違う言語」という分類は、その人の政治的な立場によって左右される。現在では、沖縄のことば／琉球語は「一つではない」という視点から、「琉球諸語」という用語が使用されている（ハインリッヒ 2011）。
7 コーダ（Coda, Children of Deaf Adults）は、ろう者の親をもつ聴者を意味する。

第 1 章

日本のろう教育は手話をどのように位置づけてきたか

1. はじめに

　本章の目的は、日本のろう教育における手話をめぐる言説を歴史的な視点から検討することで、ろう教育の専門家が手話にどのようなまなざしをむけてきたのかを明らかにすることである。

　現在の日本のろう教育においては、手話が言語であるということは、もはや常識になっているようにみえる。ろう学校の現場でも手話を用いるろう学校が手話を用いないろう学校よりはるかに多い。たとえば、ろう学校教員の手話の使用状況を調べた我妻敏博（あがつま・としひろ）の調査によれば、ろう学校の幼稚部の段階で教員が指導中に手話を用いている学校は全体の77.5% である（あがつま 2008a）。しかし本章で確認するように、「手話」と一言でいっても、手話を語る人の立場や認識によって、その中身は一致していない場合がある。手話を日本語にあわせて改変させようとした教育者もいれば、手話の自律性を認めていた教育者もいた。はたして、ろう教育の教育者は手話や日本語という言語カテゴリーをどのように規定してきたのだろうか。手話の呼称をめぐっては、日本語対応手話をどのように位置づけるのかという問題がある。ろう者の団体のなかでも、日本手話と日本語対応手話を区別する必要はない、区別すべきではないという主張が語られることもある[1]。また、ろう学校で教えている聴者の多くは、手話を使用しているといっても、日本手話を使用するスキルが十分でないことが今なお指摘されている（なかしま 2013; 2015a）。

　手話をめぐる呼称や認識については、木村晴美（きむら・はるみ）と市田泰弘（いちだ・やすひろ）が1995年に『現代思想』に発表した「ろう文化宣

言」(きむら、いちだ 1995) がくわしく (そして、きびしく) 問題提起している。「ろう文化宣言」は、社会的反響も大きく、賛否両論をまきおこした。

　本章では、「ろう文化宣言」以前の言説に注目することで、「ろう文化宣言」が登場した歴史的背景を明らかにし、それまでの手話をめぐる言説が、現在とどれほどつながっているのか、あるいはつながっていないのかを明らかにしてみたい。本章では特に、手話を何と関連づけてとらえるのか、手話をどのように分類し、カテゴリー化しているのかに注目する。これらをつうじて、日本のろう教育における手話の位置づけや聴者によるろう教育がどのように構築されてきたのかを浮き彫りにしてみたい。また、現在的な意義として、最近の日本手話と日本語対応手話をめぐる手話論争をどのようにとらえることができるのかについて、示唆を得ることができるだろう。

　ろう教育における手話論は、主に「手話・口話論争」といわれる言語指導法をめぐる問題として論じられてきた。戦前のろう教育に焦点をおいたものとして、清野茂 (せいの・しげる) (1997)、中島武史 (なかしま・たけし) (2015a) などがある。これらの研究では口話法の主張のなかで手話がどのように語られているのかについてはそれほど論じられていない。戦前から戦後にわたって「手話・口話論争」を概観したものとして、都筑繁幸 (つづき・しげゆき) (1997) がある。この研究には、聴者によってあみだされた「同時法的手話」や「日本語対応手話」にたいする批判的な視点がみられない。ほかに、聴覚障害児教育の歴史を概観しながらろう教育における手話論について述べているものとして、武田修 (たけだ・おさむ) (2012) があるが、日本語対応手話については言及していない。また、金澤貴之 (かなざわ・たかゆき) (2013) は、ろう教育の現場における手話の導入の是非をめぐる意思決定のあり方に注目しているが、「同時法的手話」や「日本語対応手話」については批判的に取り上げていない。これまでのろう教育における手話論は、概論的な紹介にとどまっており、聴者のろう教育の専門家によってろう者の手話がどのように論じられてきたのか、詳しく掘り下げていない。また、ろう教育における日本手話と日本語対応手話の区別を詳しく検討した研究は、極めて少ない。本章は、口話法を支持する人々の主張だけでなく、手話法を支持した聴者の手話論を詳しく取り上げ、ろう者の手話がどのように翻弄され

2. 戦前のろう教育における手話論

　本節では、戦前のろう教育において手話がどのように語られてきたのかを俯瞰する。まず、口話法の主張のなかで手話がどのように取り上げられてきたのかを整理する。次に、手話の使用を支持する立場の主張を確認する。

2.1. 口話主義者からみた手話論

　1878年に日本最初のろう学校である京都盲唖院が設立されてから1920年代の前半までは、主にろう者の手話が教育言語として使用されていた（なかしま 2015a: 133）。しかし、欧米のろう教育の動向が紹介されるなかで、1920年代からは読話と発語を重視する口話法が急速に導入され、手話は用いられないようになった（うえの 2001: 163-191、せいの 1997）。1925年に西川吉之助（にしかわ・よしのすけ）、川本宇之介（かわもと・うのすけ）、橋村徳一（はしむら・とくいち）らによって「日本聾口話普及会」が発足し、手話を一切認めない「純粋口話法」を導入する運動が始まった（せいの 1997: 59）。このような口話法を支持する主張は急速に広がり、1933年の全国聾学校校長会議において鳩山一郎（はとやま・いちろう）文部大臣が口話法によるろう教育を推奨する訓示を出して以降、ろう教育の公式的な方針になった（せいの 1997: 69-70; なかしま 2015a: 133）。

　ここでは、西川吉之助（にしかわ・よしのすけ）、橋村徳一（はしむら・とくいち）、川本宇之介（かわもと・うのすけ）の主張を取り上げる[2]。

　まず、西川は、ろうの娘、濱子（はまこ）を口話法で教育する理由について、次のように述べている。

> 　聾たるが故に言語聴習の機を失い為に唖者たるべく余儀なくされたものであって、換言すれば唖者として始めより教育されたがために唖たる者で、もし適当なる発音法によって教育されたならば彼等のある者は少なくとも外観的丈（たけ）にても唖という不具者あつかいを世間からうけずに済ま

されうるという信念が生じました³⁾ (にしかわ 1925: 47)。

このように、西川は見た目では健常者であるろう者が障害者の扱いをうけている理由は、手話をもちいるためであるとし、ろう者を障害者扱いから免れさせるためには、健常者と同じ教育方法でろう者を教育すべきであると主張している。

また、橋村は「聾者も同じく人であるから、これと同様の人性をもっているのである。故に聾教育の目的もまたこれと同じ事である」(はしむら 1925: 15)とし、同じ教育目標を達成するためには、教育方法も同じにすべきであると主張した。

> もし彼等を人類界へ導き出す事ができれば、その彼は普通児と略々同様の方法によって、諸種の教育を施しもって善良なる日本人たらしむことができる。口話法は、これを最大使命としているから、これによって教育すれば彼等を善良なる日本人たらしむことができるのである。しかるに他の方法においては、社会に通用しない、手真似を彼等の自然の国語などと称して授くるが故結極彼等を人類界へ導き上げることはできない。依然として不自由の人に終わらせるのである (はしむら 1927: 7)。

ここでいう手真似というのは、当時の手話の呼び名である⁴⁾。口話法を支持する主張の根拠には、当時のろう者に対する社会的偏見からろう者を救いたいという「教育的ヒューマニズム」がある。ただ、本多創史 (ほんだ・そうし) が指摘したように、その偏見の原因は健常者側ではなく、手話や手話法の教育方法にあると認識していた (ほんだ 2003: 40)。口話法の主張をより発展させた川本は、「善良なる日本人」を「国民」に書き換え、「聾者に対する言語教育は、国民として、また一個の人間としてはたまた社会の一員たらしむるに絶対的なる根拠を与うる教育である」と主張している (かわもと 1940: 328)。

そこで、口話法は、ろう児を国民にさせる方法であると同時に、国民を育成するための「口話法」=「国語教育」として位置づけられた。砂野幸稔

（すなの・ゆきとし）が指摘した近代国民国家の「前・人間」「半・人間」を「人間／市民／国民」へと引き上げるための（すなの 2012: 22）教育のなかに取り込まれていた「人間」＝「国民」＝「国語（普通話）」という等式（同上: 24）は、ろう教育においては、口話法として再現された。

　一方、手話が「国民」になるためのことばになれないのは、「異質」で、「通じないことば」であるだけでなく、日本語に比べ「劣等なことば」であるからであった。川本は、『聾教育学精説』において身振語の特徴として以下の四つをあげている。

> 多義なること：（中略）自然的手話は特に感覚的な直感的内容を有する観念の上になるものである。すなわち身振手真似は直観的であるために、その意義が単純でありかつ多義となることは免れがたい。たとえば日本では、拇指は男を表現するのが基本の如くであるが、それがある時は父または夫をあらわし、またある時は高く右手をあげ慎み深くすると゛゛天皇陛下をあらわし、また小指の子に対しては親をあらわす（かわもと 1940: 398）。

> 意義曖昧：およそ事物の概念は、その対象、性質、ならびに地位に関する三概念の理論的範疇を把持するものではなくてはならぬ。しかるに身振語はこの論理的範疇を極めて曖昧にするか、はなはだしきはこれを欠如しているのである。これ言語内容が直観的であって、分析的でなく、また分析に基づく観念の要素が少ないからである。かように手話語は意義を明確ならしめる所の重要な概念が曖昧であり、論理的要素を欠くをもってその意義が多義となり、紛更し変化しやすくなるのである（同上: 398）。

> 抽象語の表現困難：以上は比較的単純な直観的手話を主とした場合であるが、抽象語になると、前記の論理的範疇の三概念、就中、関係即ち地位概念が殊に表現し難いから、意義が紛更しやすい。（中略）またこれを不意識的に又は意識的に予想して、この象徴的手話を案出することが多い（同上: 400）。

> 無文法無文章：さて単語そのものが既にかくのごとく、その意義が多義であり、変化しやすく紛更をきたすおそれが多い上にその文構成ははなはだ曖昧であって、いかなる国語とも一致しないのである（同上：401）。

　川本は、手話は「思想を十分に整頓し難いのみならず、抽象的の語を授ける場合には、その手真似は複雑多岐となり、表現に困難を感じ、到底デリケートな思想を、明確に伝達することはできない」と主張した（かわもと 1940: 493）。また、「書言葉を教え手話と文章とを結びつけても、前記の如き理由により、その間に種々の齟齬が惹起され、その文は木に竹をついだ様なものとなるのが常である」と主張した（同上：493）。つまり、「手話は言語として様々な欠陥」をもっている「劣等なことば」であるため、「日本国民」になるための思想を表すには不適切であると認識していた。そのさいに、手話は「国語」と一致しないことから、文法がないとみなされた。
　さらに、川本は、ド・レペーや後継者シカールなどによって考案された方法論的手話についても触れている[5]。川本は、この方法論的手話について説明しながら、その限界を四つに分けてあげている。それを要約・整理すると次のようである。

- 一、心理的価値があるのは自然的身振語であるが、人為的身振語は、しかく重要な価値のないことをしらねばならぬ。
- 二、自然的身振語より人為的手話語に翻訳し、更にこれを音声語に翻訳し、結局これを統一せんとするのであるけれども、迂遠にも二重の翻訳を要するに至る。
- 三、思考の媒介としての言語は、同一人によっては、同時に手話語と音声語とを併用することは出来ない。
- 四、手話語は音声語指導の出発点に於いて補助として役たつに過ぎない。さらに音声語と手話語とに同じ価値を認める時は、結局失敗に終る（同上：501-502）。

　川本は、手話言語と音声言語を異なる言語であると認識し、異なる二つの

言語を同時に併用することができないと認識していた。ただ、「人為的身振（手話）語」、「自然的身振（手話）語」、「音声語」の間の序列を決め、そのうち一番価値があるのは音声語であり、手話を音声語指導のための補助手段として使う際にはあくまでも「補助」としての役割を忘れてはいけないと強調している。

2.2. 高橋潔の手話論

　急速に激しくなる手話排斥の動きの中で、手話を擁護したのは、大阪市立聾学校長である高橋潔（たかはし・きよし）である（せいの 1997: 61）。ここでは、高橋潔の主張を確認する。高橋は、まず、手話について次のように述べている。

　　　しかし一方手真似というものも、研究して見れば見るほど一般人が言われる様な単純なものでも無ければ、普通人にも解る、解らぬは別として、聾唖者同志の間には何の不便もなく、随分デリケートな、そして複雑した話もなお自由にする事が出来得るものであり、その手真似は普通人には難しいものであるかも知れないけれども、聾唖者には非常に覚え易いものである事を知りました（たかはし 1921=2000: 226）。

　高橋は、手話を健常者の視点ではなく、ろう者の視点からみている。まず、手話を知らない健常者の認識は別として、ろう者は手話で不自由なくデリケートな複雑な話を遂げているのだから、聞こえないろう者にとって手話は音声言語よりアクセスしやすいことばであると主張している。

　口話法が広められているなか、高橋はなぜ、手話によるろう教育の必要性を論じていたのだろうか。その理由について高橋は次のように述べている。

　　　桃太郎の簡単な物語ですら、手話なら普通の子供、否それ以上に面白おかしく話すことは入学して二学期にもなればできるものを、手話と同じ内容をしかも同じ興味をもって話すことのためには、口話では四年かかっても五年かかってもできません。日本語を自分の耳にて知らない日本人に日

本語を教えることのために六年も八年も棒にふらなければならず、しかもその教えた日本語をもって国民教育を施してしまうところまでは、なかなか難事業であることを知りました（たかはし 1931=2000: 119）。

　高橋は、聞こえないろう児にとって音声言語をもちいることはふさわしくないと述べている。高橋は、口話法が成功するためには「金」、「努力」、「時」そして「能力の問題」が必要であり、その条件を満たすろう児は限られていると認識していた（たかはし 1921=2000: 226）。また、高橋は「口話式教育に於て、若し知識を授けられるべき唯一の読唇が出来なかったら学校に居る事は殆ど無意味事です」と述べている（同上: 237）。

　高橋は、ろう教育の目標は、音声言語を身につけることではないとして次のように述べている。

> 　子供には子供の世界があります。普通児童の精神発達とろうあ児のそれを見る時、年齢は遠慮なく重ねられて行くのを見る時、如何に日本語を教えるためとはいえ、口話法で教える教育内容の如何に幼稚なるかを思えば、子供を精神生活者としてではなく、口話学校は単に日本語学校、会話学校、及至は全く治療所、矯正所としか私には見られないのであります。（中略）私はそれよりもまず、一日一日成長していく生活者として彼等の精神的生活の糧をあたえて行かなければならない。それに彼等の言葉であるところの手話に依らなければならないと考えたのであります。手話は要するに教育の手段即ち日本文を読み日本文を書くようにならしめるための手段であり、且つ、それと同時に一面彼等の精神内容を豊富ならしめんがための手段であるのでありました（たかはし 1931=2000: 119-120）。

　高橋は、ろう児の手話を教育言語とし、日本語の読み書きを学習するという現在のバイリンガルろう教育を目指していたと言えるだろう。上野益雄（うえの・ますお）、野呂一（のろ・はじめ）、清野茂（せいの・しげる）によると高橋が校長であった大阪市立ろう学校では、高橋だけでなく他の教師たちによって手話が研究され、手話が守られていたという。また、大阪市立

聾学校ではろう者が日常生活でもちいる手話が使用されていたという（うえの、のろ、せいの 2002）。ただ、このような動きは、手話を排除するろう教育の動きをかえることはできなかった。

次節では、戦後のろう教育における手話論を俯瞰し、戦前の手話論からどのようにかわったのか、かわっていないのかを考察する。

3. 戦後のろう教育における手話論

1933 年の鳩山一郎（はとやま・いちろう）文部大臣の口話法によるろう教育を推奨する訓示以来、戦後のろう教育においても、口話法の採用が公然のものになった（なかしま 2015a: 133）。その中で、1960 年代から、少しずつ手話導入の必要性が提議されるようになった。本節では、手話が教育言語として不適切であると認識した側の主張と手話導入の必要性をうったえた側の主張を分けて確認する。

3.1. 手話妨害論

戦前の読唇・口話を中心とした純口話法は、戦後には補聴器技術の進展や普及とともに聴覚を積極的に活用する聴覚口話法に変化し続けていた。東京教育大学付属聾学校長である萩原浅五郎（はぎわら・あさごろう）は、聴覚にたよらない視覚言語としての手話の言語発達について、次のように述べている。

> 思考の道具としての「ことば」という観点からは、手話「ことば」は不完全な未発達的のものである。聴覚も視覚もともに抽象機能はもっているが、視覚は聴覚ほど「ことば」をつくるという点からみての象徴性がないので、手話「ことば」が未発達段階にあるのは当然である（はぎわら 1962: 36）。
> （中略）「ことば」の発達は聴覚の上に（based on audition）という考え方は尊重しなければならないことは真理である（同上: 37）。

そして、視覚言語である手話は、音声言語より抽象的な思考能力が欠けているものであり、言語発達の側面からも音声言語より劣るものであるため、教育の場で使用するのは不適切であると主張している。
　さらに、手話の使用は、ろう児の思考に影響を与えているといわれていた。松沢豪（まつざわ・つよし）は、次のように述べている。

　　聾児は、対人交渉の場面に立たされても、自然のままでは、読話するかわりに相手の動作や、身振りや、表情を見て理解しようとし、発話する代りに、身振りや手真似を使おうとする。身振りや手真似は、聾児にとってはいわば自然発生的な言語意志、感情交信の手段である。そして、手真似によるコミュニケーションや、思考は、聾児の概念構成や思考過程をわれわれと異質的にし、従って彼等の環境理解の仕方、大きくは彼等の世界観を、正常人と異質的にするばかりでなく、われわれの行う言語指導に鉄壁の障害となるのである（まつざわ 1963: 69）。

　このような認識は、「早期から手話の使用を禁止すべきだ」という主張につながった。たとえば、松沢は、「早期から手話の使用を禁止し、ろう児に接するすべての人が、手話やジェスチャーの使用を控え、読話し、発話する言語態度の習慣化を助長していかなければならない」と述べている（同上 : 70）。
　ろう児に対する早期からの手話使用を禁止するということは、手話使用の環境からろう児を遮断することであり、言い換えれば、手話を第一言語とするろう者をろう教育から排除するという主張にほかならなかった。松沢は、1985 年に出版した『聴覚障害とことば』において、次のように述べている。

　　手話的コミュニケーション、認知、思考は聴覚障害児・者特有の心理面を形成するばかりではく、真の意味において、健聴児・者やその社会と同等に対等に同化することはむずかしいし、また出来ないと考えた方が正当です。
　　手話は福祉政策の面では、正当性や妥当性を持つのですが、教育政策の上からは次善の策であり、対症療法であり、弥縫（びほう）策であると考

えるべきです（まつざわ 1985: 470）。

　福祉の立場からは手話を認めながら、教育の視点から手話を否定するという認識は、ろう児を健常者や健常者が中心となる社会に同化させることが教育の目標であると想定しているからである。それは、日本語だけによるモノリンガリズムや同化主義によって進められてきた教育政策が、日本のろう教育にも投影されていたともいえるだろう。
　それでは、手話使用を禁止しようとしたろう教育の専門家は、手話についてどのように語っているのかをより具体的にみてみよう。東京教育大学の教授で言語学や言語治療学を専門とする佐藤則之（さとう・のりゆき）は、手話の特徴について次のように述べている。

　　一語多義で、学術語や新語はつくりにくい。語法上からみても、「綺麗」「綺麗な」「綺麗だ」「綺麗に」の区別はあらわしにくく、助詞は無い。活用語の活用形は後述の指文字を使用する以外にはあらわしにくく、固有名詞などは表現困難である。したがって意味あいまいということになる。（中略）もちろん、聾者も精神発達の進むにつれて、種々の身振り、手真似などを組み合わせることによって、種々の文章構造を持ち得るし、複雑な内容を表現し得るが、その際においても制約は避けられない（さとう 1973: 42-43）。

　そして、「身振り、手話による場合には、複文ができにくく、単なる単文の並置によることが多い」と主張した（同上: 43）。米国の言語学者であるウィリアム・ストーキーが 1960 年に Sign Language Structure を発表してから、手話言語も音声言語と同じように、独立した文法を持つ異なる言語であることが、言語学では知られはじめていた（さいとう 1999: 148-154）。しかし、1960 年代の日本のろう教育における手話にかんする言説はそのような動向とは離れていた。

3.2. 手話も必要論
3.2.1. 聴覚口話法の限界を補う手段

1960 年代に入ってからは、重度・重複障害児の就学を保障しようとする運動が、ろう学校を中心にひろがり、ろう学校には、聴覚以外に知的障害など他の障害をもっているろう重複障害児が就学するようになった（日本の聴覚障害教育構想プロジェクト委員会編 2005: 126-127）。また、60 年以降、難聴学級の設置を契機として、インテグレーションが拡大していた（同上: 31）。それにともない「相対的に聴力のよいこども」はインテグレーションに行き、聴力障害が重いろう児やろう重複障害児はろう学校に就学するという状況に変わっていった。これを背景として、口話法だけによるろう教育の限界がより映し出されるようになった。ろう学校の教員養成のための教科書では、次のように述べられている。

> 障害の程度が重く、しかも知的に遅れているような児童の場合、口話法だけでは教育成果が期待しえないことも多い。手話法を口話法教育の導入または補助手段として正しく位置づける必要も主張されている（教師養成研究会特殊教育部会 1972: 283）。

金澤が指摘しているように、手話の使用は、「聴覚口話法になじまない子ども」とみなされたろう重複障害児のための例外として語られるようになった（かなざわ 2013: 224）。

また、佐藤則之（さとう・のりゆき）は、ろう教育の変化にともない、これまでの口話一辺倒の方針を変える必要があると述べながら、指文字を手話に併用することを推薦している。

> さて、今日の聾教育は、早期教育・聴能教育の進展と、重複障害児に対して教育の機会均等の増大とによって、その性格が相当変わってきた。従来なら聾学校に入って来た筈の多数の聾児が、普通学校にインテグレートしたり、普通の学校の難聴学級に行くようになり、聾学校は、言語教育のかなり困難な児童・生徒を受けもつようになってきた。最近では、聾学校

高等部あるいは聾高等学校も入学希望者を全員受け入れ、いわゆる落第もなく、全員卒業という制度になった。そうして、その中には、精神薄弱を併せ持つ重複障害児も多数含まれるのである。
　そうなると、聾教育も今までのように、口話教育オンリーというわけにもゆくまい。即ち、口話教育オンリーでは、教育も進歩も望めない児童・生徒たちに指文字を教え、さらには適切な手話をも併用することも、場合によっては必要となってくるであろう（さとう 1973: 47-48）。

　佐藤が、指文字の使用を主張したのは、指文字の使用によって「口話法を採る場合には同口型異音や見にくい音が明確に読話され、読音のはっきりしない語音が確実に伝達される。一方手話では、表現しにくい抽象的な語彙や固有名詞、それに動詞や助動詞なども明らかになるのである」（同上：47）とおもっていたからである。

3.2.2. コミュニケーション手段としての手話
　聴覚口話法のみが強調され、手話使用が禁止されても、学校の生活の場において、ろう児は手話を使用してきた。戦後のろう教育者のなかから、そのような「事実」に注目すべきであるという主張がでてきた。

　　口話法だけを徹底して指導しても、聴覚障害児の中に手話がなくならないことは周知のとおりである。このことについて、一般には口話能力が未熟だから手話を使うのだと考えられている。そうしたことが全然ないとはいえないだろうが、それよりは口話では人間のコミュニケーションに必要な情報伝達ができにくいために、それを手話が補っているという、いわば人間のコミュニケーションにおける基本的要求であるとみなければならない。教育が子どものニードにこたえるものであるなら、この事実にも目を向けなければならないはずである（栃木県立聾学校 1976: 3）。

　これは、聞こえないろう児にとって、手話は意思疎通のための手段であり、学校生活の場においては手話でのコミュニケーションが行われていることを

認めた、それまでのろう教育が否定してきたことへの問題提起である。田上隆司（たのかみ・たかし）、森明子（もり・あきこ）、立野美奈子（たての・みなこ）は、手話を否定することが、手話を使用しているろう児に与える影響について次のように述べている。

> 先生方から「手話悪貨論」を聞かされて育ち、それでもなお手話を使わざるを得ない聾児の心情はどうであったか、察するに余りある問題です。おそらく、罪悪感を感じながら手話を使い、そういう自分を恥じ、聾であることの劣等感に悩まされた生徒も多かっただろうと思います。それにもかかわらず、聾児たちは学校の中でも外でも手話を使い続けてきたわけです（たのかみ、もり、たての 1979: 79-80）。

「手話悪貨論」とは、「悪貨（手話）は良貨（口話）を駆逐する」という意味である（同上: 78）。田上らは、「手話を禁止したことがむしろ非人間的なことだったと思います」と述べながら、手話を否定することは人権の問題であると指摘している（同上: 83-84）。

田上らは、口話法が支配的な雰囲気のなかで、手話を口話と併用することを目的に同時法的手話を 1968 年に考案した。次節では、同時法的手話はどういうものなのか、また、同時法的手話の視点から、ろう者の手話はどのように論じられたのかを確認する。

4. ろう教育における手話のありかた——同時法的手話の登場

4.1. 同時法的手話の登場

1968 年に栃木県立聾学校の田上隆司（たのかみ・たかし）をはじめとする同校教員らは、手話使用の必要性を積極的にアピールしながら、自ら「同時法的手話」を考案した。

栃木県立聾学校・栃木県ろうあ協会（1969）の『手指法辞典』の説明によると、「同時法とは、読話・発語、聴能、手指法、文字利用、それぞれの特徴をじゅうぶん発揮させながら、それぞれがもたらす情報を日本語として綜

合集積させその効果を相補わせる方法」であるという（栃木県立聾学校・栃木県ろうあ協会 1969: 202）。この説明からわかるように同時法とは、手話を口話と併用する言語指導法であり、日本語として綜合するのが、その特徴である。

栃木県立聾学校では手指法を同時法の原則にしたがって用いることを主張していた。その手指法の使い方について①語順、語の意味内容、付属語等を国語の構造に即した形式で用いること、②読話との併用を前提することなどが挙げられている（栃木県立聾学校・栃木県ろうあ協会 1969: 203）。田上は、アメリカのギャローデット大学で英語対応の手話が使用され、「抽象的、理論的なこと」が表現されていることを見学し、なぜ日本ではそういう手話が発達していないか疑問を持つようになったと述べている（たのかみ、もり、たての 1979: 87-89）。田上・森・立野は、「同時法」を提案した理由について次のように述べている。

①手話を肯定するにせよ否定するにせよ、「ろう者としての人生を積極的に肯定する姿勢」が必要である。
②聾学校の教育では「耳のきこえる世界」への適応を重視するのは当然であり、口話法も大切だが、「ろう者としての人生」を肯定する以上「ろう教育において、ろう者同志のコミュニケーションを大切な領域として着目したい」、「ろう者集団を考える時、そこには手話や指文字が直接通用するコミュニケーションの場がある。」
③手話が用いられるのは、口話法に欠けた面を補っているからである。「口話と手話が対立するものではない。」
④「手話を指導の対象とし、ろう児に手話を有効に使用するようにさせなければならない。」
⑤手話は、音声語と対応するような形で使用する必要がある。
⑥手話に無関心であったり、無理解であってはならない。音声語・表記語・手話・指文字の相互関係が正しく理解され、教育全体の中に位置づけられないと、結局口話法の発展にもマイナスであろう（たのかみ、もり、たての 1979: 85）。

このように、同時法は、音声言語をもちいる教育が行われるろう教育のなかで、手話の導入を強調するため考案された。そのなかで、同時法は、口話法とは対立するものではなく、口話法だけでは対応しきれない部分を補うものであることが強調された。ただ、そのときに、取り上げられた手話は、ろう者が日常生活で使用している手話ではなかった。音声言語とは別の独自の体系をもっている手話を、音声言語に対応させる形で使用する必要性を強調している。それでは、彼らはなぜ、手話を音声言語に対応させようとしていたのか。その理由について、田上、森、立野は、次のように述べている。

　　もう一つの手話が、なぜ必要になるのだろうかという疑問が生じるでしょう。その理由は、聾者も日本語なり、英語なり、その国の国語を知っていた方が有利だからです。新聞も本もテレビのタイトルも、すべてその国の国語で書かれています。それらのものを理解するためには、国語に習熟することが必要になります。
　　では、その国の国語を習得することと、手話はどう関係するのでしょうか。これについては、二つの考え方が出てきます。
　　一つは、手話は国語と一致しないから国語の習得に役立たない、あるいは有害であるとして、手話は用いないか禁止してしまう方法です。
　　もう一つの考え方は、もし手話が聾者にとって必要なものなら、日本語の形の手話を考え、それを使うようにする――少なくとも日本語を習得する学校教育の期間は、日本語の形で手話を学び、その手話を使って日本語を習得するという考え方です。
　　この後者の考え方から、その国の国語と一致した手話が作られてきたのです（たのかみ、もり、たての 1979: 40-41）。

　そして、「聾学校での言語指導の重要な目標は、聾児に日本語を習得させることです。だから、手話を導入する場合には『日本語の学習に役たつ手話』、『日本語の手話』すなわち同時法的手話がどうしても必要になります」と述べている（たのかみ、もり、たての 1979: 67）。
　社会生活を営むことにおいて、多数派の言語を学習する必要があるという

ことは否定できない。むしろ、言語権の視点からみれば、自集団の言語だけでなく、言語的マイノリティの社会参加や地位を保障するために、多数派の言語を学習する権利が保障されなければならない（言語権研究会編 1999）。その際に重要なのは、少数言語と多数派の言語を対等にあつかうことである。バイリンガル教育のなかでは「第一言語を犠牲にして支配的な言語を学ぶこと」を「引き算的な言語学習」と呼び、「第一言語に加えて新たな言語を学ぶ」ことを「足し算的な言語学習」とよんでいる（Skutnabb-Kangas 2000）。

　それにてらしてみれば、手話と日本語の両方を尊重するというものの、日本語にあわせて手話を変容させようとする考え方は、引き算的な言語学習であるといわざるをえないだろう。

4.2.「同時法的手話」からみた「伝統的手話」

　同時法を考案した田上、森、立野は、同時法的手話を日本語の一種として認識していた。

> 私たちは同時法的手話も日本語の中に含めて考えていますが、普通、日本語といえば音声語による日本語だけをさし、手話は日本語という言語の中に含められていません。日本語の中に同時法的手話を含めて考えると、日本語には、「音声で表わした日本語」と、「手指で表した日本語」があることになります（たのかみ、もり、たての 1979: 42）。

　それに対して、ろう者・ろう児が日常生活で用いる手話を「伝統的手話」と呼んでいた。「伝統的手話」と名づけた理由について、田上・森・立野は、「昔から自然に用いられてきた手話という意味で、『伝統的』と名付けられたものです」と述べている[6]（同上: 42）。

　ろう者の手話は日本語とは別の言語であるが、同時法は、日本語の手話として、手指で表わした日本語であると主張している。そして、ろう者の手話は日本語にあわせて新しく生まれ変わるべきであるとして、ろう者の手話を「伝統的手話」となづけたのだといえよう。

　田上・森・立野は、同時法的手話と「伝統的手話」の違いを表2のように

まとめている。

　表2から、「日本語との一致、話しとの併用、日本語学習との関係」など、日本語や日本語の書きことばの視点から、同時法的手話とろう者の手話を区別していることがわかる。また、ろう者の手話を「日本語を理解していなくても直観的にわかりやすい。しかし、複雑な内容になるとわかりにくい点がでてくる」と評価していることから、ろう者の手話をわからない聴者の視点から、ろう者の手話を評価し論じていることがわかる。さらに、日本語の獲得に役立つ順序について①口話・聴能・手話・指文字を併用した同時法、②口話・聴能、③伝統的手話であると述べ、たとえば、「助詞の指導」なら同時法は口話より正確にでき、伝統的手話では非常にやりにくいと主張した（たのかみ、もり、たての 1980: 10）。

　それでは、ろう者が日常生活でもちいる手話については、どのような認識をもっていたのか。彼らは、同時法が用いようとする手指法の語彙を整理し、同時法を普及させるため、『手指法辞典』を編纂した。同時法的手話で用いられている助詞、動詞の語尾、終助詞が載せられている。

　この『手指法辞典』の付録において、「伝統的手話」については次のように述べている。

　　　　また、この辞典では、現在多くの聾者が使用している伝統的手話に改善を加えたが、伝統的手話も一つの言語体系としてじゅうぶん尊重されなければならないことは感じているつもりである。さらに、伝統的手話を使っている人々の立場をじゅうぶん尊重しなければならないことも自覚しているつもりである。今後、伝統的手話と同時法的手話はある期間共存し、徐々に同時法的手指法が用いられることを望んでいるが、その進め方やテンポに無理がないように留意してゆきたいと思っている（栃木県立聾学校・栃木県ろうあ協会 1969: 214-215）。

　ろう者の手話への尊重が語られているものの、ろう者の手話から同時法的手話へ乗り換えた方が望ましいと語られている。それでは、ろう者の手話を尊重するということはどのようなことなのか、確認してみよう。

表2 手話の種類とその特徴

	伝統的手話	同時法的手話
歴史と使用状況	約百年前から教師や聾者によって作られた。その後、学校で手話を教えなくなってからは、聾者から聾者へ伝承され発展し、全国で用いられている。	約十年前、栃木県の聾学校とろうあ協会が作成した。まだ十分普及していないが、同時法的手話に近いタイプの手話を使う人は全国で多い。
日本語との一致	語の意味、文法とも日本語と一致させることを前提にしていない。独自の文法を持っている。	日本語を手で表現するものと考えるから、語の意味、文法ともに日本語と一致させる。助詞や助動詞を使用することが目立つ。
わかりやすさ	日本語を理解していなくても直観的にわかりやすい。しかし、複雑な内容になるとわかりにくい点がでてくる。	日本語を理解している人には複雑な内容でもわかりよい。しかし、日本語を習得していない人にはわかりにくい。
感情表現	慣れればどちらでも十分できる。	
指文字	あまり使わない。	積極的に使う。
話しとの併用	話しとの併用を条件にしていない。だまって手話をすることが多い。学校で習得した話しことばの力が活用されないための損失がある。	話しとの併用を前提にする。手話をしながら話しをする。だから、同時法的手話を用いても、聾児の話しことばの力は低下しない。
日本語学習との関係	直接役立たないと見られることが多い。	十分に役立ち得る。

出所：たのかみ、もり、たての（1979:46）[7]

　手話にとっても必要なのは多言語並立主義に立つ発想だろう。伝統的手話を支えとして生活している人や、伝統的手話を母国語と感じている人が多いことは軽視すべきではない。そういう人が楽しめる伝統的手話の芸能を育成したり、伝統的手話をとおして社会活動が十分にできるように表現力を高めるといった助長政策が必要である（たのかみ、もり、たての 1983:215）。

　少数言語である手話を尊重するために、多言語主義に立つ必要があるという主張には異論はない。ただ、手話使用の場面として「芸能」という「特別な場面」を想定することや、手話に介入し表現力を高めることと多言語主義とは無関係のはずである。多言語主義の観点から、手話をより尊重するとい

うことは、ろう者の手話を公用語として学校などで採用することであり、手話が自由に使用されることを権利として保障することである。その際に問題になるのは手話そのものでなく、手話の言語的権利を認めない社会である。しかし、同時法的手話をもちだした側は、「ろう者の手話の改善」を通じて手話の普及・導入を願っていた。

> 手指法は全国的に統一され、安定したものであってほしい。しかし、私たちは、この辞典を、作成するためにいくつかの資料を調べたが、資料によってかなりの相違がみられた。 まゝた、語源がはっきりしていないため、形がくずれているものもあった。さらに、わずかの年代によって形や意味内容が変わっているものも多く、記号としての不安定さを感じた（栃木県立聾学校・栃木県ろうあ協会 1969: 214）

> 現在の手話の語彙は、聾者の要求を満たしていないといえます。又、文法の面でも聾者の要求を十分に満たせない面があります。たとえば、自治体交渉や研究会の通訳などでは、伝統的手話の文法では、複雑な理論が通訳しにくいということをしばしば経験します。さらに、手話の地域差、年代差もよく話題になります。したがって、伝統的手話の増補、改善の問題は、全国的な統一の問題とともに考える必要があります（たのかみ、もり、たての 1979: 69）

このように、手話を日本語に対応させるだけでなく、「辞書の編纂」、「語源の明確化[8]」、「統一化」、「語彙の拡充」、「文法の整備」を通じて、ろう者の手話に介入してきた。

5. 手話コミュニケーション研究会による「日本語対応手話」

同時法的手話は栃木県立聾学校では使用されたものの、規則が厳格だったためか、全国的には広がらなかった。だが、その後、トータルコミュニケーションの紹介にともない同時法的手話とほぼ同様の「日本語対応手話」があ

らわれた。トータルコミュニケーションとは、聞こえない子どもの書記言語の能力を高めるために、音声言語だけでなく、手話、指文字などの全ての方法を活用するという意味である[9]。

　ここでは、トータルコミュニケーションを推進したグループの一つである「手話コミュニケーション研究会」が刊行した『日本語対応手話』を中心に、教育言語として「日本語対応手話」がどのように語られていたのかを確認する[10]。まず、「日本語対応手話」の目的については、次のように述べている。

　　　私たちは、文字や音声をある決まった約束のもとに用いることによって日本語を表しています。これと同じように、手話に日本語を表すための約束を与えたものが「日本語対応手話」です。手話と口話で正しく日本語を伝達できるようにするということが、日本語対応手話の大きな目的です（手話コミュニケーション研究会 1985: 1）。

　つづいて、「日本語対応手話」を教育言語としてもちいる利点について次のように述べている。

　　　①口話と併用しやすい手話となるので、併用することによって、口話だけ、手話だけの時よりも分かりやすくする。また口形のよく似たことばを区別しやすくする。
　　　②日本語を手話で正しく表すことによって、日本語学習をたすける。
　　　③特定の教科に使われる用語や専門的な用語など、従来の手話では対応しきれなかった単語や表現をカバーし、伝達できる範囲を広げる（手話コミュニケーション研究会 1985: 1）。

　口話と手話の両側を補足し、日本語の学習をしやすくする方法として「日本語対応手話」を位置づけていることがわかる。そして、「手話コミュニケーション研究会」の伊藤政雄（いとう・まさお）と竹村茂（たけむら・しげる）は、「日本語対応手話」を活用することで「手話が音声を通じて文字と結びつくということになり、このことは文字を持つ言語としての豊富な資産を手話に導

き入れる可能性を開くものであろう」と評価していた（いとう・たけむら 1987: 24)。日本語対応手話は、視覚言語よりは音声言語を、話しことばよりは書きことばをすぐれたものとする考え方から生まれたものであるといえよう。

　日本語とは異なることばである手話を日本語に対応させるのは容易なことではない。そのためにとりあげられたのが、①一単語一手話の原則、②同語義の原則、③相互補完の原則、④動作経済の原則という四つの原則である。一単語一手話の原則とは、たとえば、「落ちる」という単語の場合、ろう者の手話では「試験に落ちる」「スピードが落ちる」「汚れが落ちる」など、意味によって手話の表現が異なるが、日本語対応手話ではひとつの単語にひとつの手話で表すことを原則とすることである。同語義の原則とは、「使う」という手話には、「お金を使う」「人を使う」「頭を使う」など、どのような場合にも同型の「使う」を使用することである。三番目の相互補完の原則は、「法律、条例、規約」などを意味の似ている単語を同じ手話で表し、口形と相互補完ができるようにすることである。最後に、動作経済の原則は、手指の動きは発話する際の唇の動きに比べて労力と時間の負担が大きくなりがちなので、ひとつの動作の動きがなるべく少なくなるように工夫することである。（手話コミュニケーション研究会 1985: 2-4)。以上四つの原則によって、ろう者のあいだでは使用されていないさまざまな手話の表現があみだされた。そのなかのひとつが、漢字手話である[11]。漢字手話を考案した理由については、次のように述べている。

> 　日本語を手話で正確に表現しようとする場合、1単語に対し、1つの手話が対応するのが望ましいと思われます。しかし、日本人（成人）の理解語彙数は、平均5万語前後と言われ、その5万語のことごとくに対応した手話を創りだすのはまず不可能ですし、記憶の負担も大変です。そこで、日本語は漢字と仮名の組み合わせによって表記されるという点に着目し、漢字に対応させた手話を創るという方法を考えてみました（手話コミュニケーション研究会 1985: 4-5)。

　その利点については、次のように説明している。

漢字を手話で表すことができれば、いろいろメリットが生まれます。ま
ず、日本語は漢字の熟語が非常に多いので、漢字手話を創れば、その漢
字手話の組み合わせで、いろいろな漢字の熟語が表せます。例えば、「事」
と「物」という漢字手話を組み合わせて「事物」という熟語をつくること
にすれば、次に「品物」や「事実」という手話をつくるときに、「事」や
「物」の漢字手話が利用できます。
　また、日本語の単語ひとつひとつに手話をつくった場合に較べ、漢字手
話なら覚える手話の数が少なくてすみますし、手話から漢字を想起し、そ
の漢字から意味をつかむなら、特に抽象性の高いことばの場合、意味の明
確化に役立ちます（手話コミュニケーション研究会 1985: 4-5）。

　あべが指摘したように、手話言語と音声言語は、「言語形態」（視覚と聴
覚のモダリティ）と「言語体系」がことなっている。また、日本語には「書
きことば」があるが、手話には「書きことば」がない（あべ 2012a: 16）。ま
た、「漢字かなまじり文」は、日本語という言語の「ひとつの表記法」であ
り、日本語という言語そのものではない（あべ 2004: 47）。
　しかし、ろう教育の専門家がつくりだした日本語対応手話では、そのちが
いが看過されているだけではなく、「『漢字＝表意文字』という神話」が根底
にある（あべ 2004: 43）。先に話しことばがあって書きことばがつくられるよ
うに、「おと（はなしことば）に意味があるのであって漢字そのものに意味が
あるのではない」（あべ 2004: 45）。あべが指摘したように、「漢字が不規則な
かたちでつかわれていることは、ろう者にとっても負担がおおきいにちがい
ない」（あべ 2012b: 148）。そのため漢字をもちいることで意味の明瞭化につ
ながるとは考えにくい。漢字手話は、「漢字」にたいするさまざまな神話に
もとづいているだけでなく、「漢字という障害」をろう教育の専門家が看過
したことにその問題がある。

6. 日本手話と日本語対応手話の区別について

　ろう教育に日本語対応手話を取り入れようとした動きについて、批判がなかったわけではない。たとえば、伊藤雋祐は「指文字を使って、すべての助詞・助動詞を手話の中に入れ、音声語と同じ表現形式にしようという考え」を「手話を音声語の観点からみがちであるが、それは一方的な見方である」と批判した（いとう 1977: 47）。

　一方、1980 年代後半、ろう者コミュニティや一部の言語学者により、ろう者の手話を日本手話と呼び、ろう教育の日本語対応手話と区別する動きがはじまった。たとえば、神田和幸（かんだ・かずゆき）は、全日本ろうあ連盟の『日本聴力障害新聞』や『季刊ろうあ運動』に手話言語学をわかりやすく説明した記事や連載を掲載し、日本語対応手話の問題を指摘した。神田は、とくに「日本語対応手話は手話ではない」と指摘し、「聾教育に日本手話を導入せよ」と主張した。これについて、ろう教育の専門家である竹村茂（たけむら・しげる）は、「日本手話と日本語対応手話について——ろう教育にどのような手話を導入すべきか」という論文を書き、神田の主張に反駁した。以下では、日本手話と日本語対応手話にたいする二人の考え方のちがいを確認してみる。

・論点 1：日本語対応手話をどのようにみるか
　まず、神田は、日本語対応手話について次のように述べている。

　　最初にはっきりさせておきたいのは日本語対応手話は手話という名前がついていますが、手話ではないということです。日本語対応手話は正しくは「手指で表現した日本語」で、日本語の一種です（かんだ 1989a: 6）。

　この主張にたいして、竹村は、次のように反論している。

　　日本語対応手話は日本語の一つの表現方法であると同時に、手話の一

つの形である。(中略)『聾教育に日本手話を』の論文でも、はっきりとまとまった形では手話の定義は示されていないが、「日本手話は、独特の語彙と文法をもった聾者の独自の言語である」と定義している。この定義では、肝心の「独特の」や「独自の」の内容が示されていない。これでは「言語は、独特の語彙と文法をもった人間の独自の言語である」といって言語の定義をするのと同じで、全く定義になっていない。

　手話を定義すると「手指で、社会的な一定の約束にしたがって、多様な概念をいろいろに組合せて、表現し伝達できるもの」となるであろう。もちろん、ここでの「手指」の意味は、身体全体や表情も含めてひろく考えている。「社会的な一定の約束」が日本語対応手話のように「日本語の文法」に依存したもの、伝統的手話のように「表情や空間的配置を上手に利用したもの」、中間型手話のように「日本語の文法に手話の語彙をまぜたもの」のいずれであっても、ともに手話の一形態であると考えられる（たけむら 1991: 39）。

　第5節で確認したように、同時法的手話をひきついだ手話コミュニケーション研究会の日本語対応手話の主張のなかでは、手話というよりは、「手で表わした日本語」であるということが強調されてきた。しかし、竹村の主張のなかでは、「日本語対応手話は、手話のひとつでもある」ということが強調されている。つまり、日本語対応手話は、「日本手話の登場」にともない、手話としての位置づけが強調されるようになったといえよう。

・論点2：手話と日本語の関係について

　神田は、ろう教育の専門家の手話にたいする態度を次のように批判している。

　　これは（引用者：日本語対応手話）は、手話が言語であることを無視した一方的な押し付けであり、強者が弱者を言語的に支配しようとしているといわれてもしかたありません（かんだ 1989a: 7）。

手話と日本語の関係は複雑に絡み合っています。しかしその関係は対等ではありません。現在では圧倒的優位にある日本語により手話は変容させられているという方があたっているかもしれません（かんだ 1989a: 7）。

　これについて、竹村（1991）は「手話と日本語の関係は対立的にとらえられるべきでなく、相互に媒介しあって発展する関係にある」とし、その理由は「a. 日本の手話は日本文化の上に成立している、b. 聴覚障害者の日本語の力を高めると手話も豊かになるからである」と述べた。そのうえで、手話と日本語の関係を考える際に、親のニーズを考慮する必要があるとして次のように述べている。

　親は子に自分のことばを教える権利を持っており、教育はこの権利を援助しなければならない。また、日本に住んで日本人として正当に生活するためには、日本語の力を身につけなければならない。これは、障害児であろうと、健常児であろうと、同じことである。ただ、障害児の場合、健常児と方法が異なって来るだけである。差別とか押し付けとかの問題とは別である。
　「聴覚障害者の母語は手話である」という主張がなされることがあるが、「母語」を「母から学ぶ言葉」と考えると、両親が聴覚障害の場合を除いて、この考えは成立しないと思われる。また、両親が聴覚障害でも手話よりは日本語に重点をおいて生活している場合には（このような場合の方が多いと考えられるが）この考えは成立しない。
　「母語（mother tongue）」本来の意味は、キリスト教の「父なる言葉＝ラテン語」に対して、その民族の言葉を尊重しようということであるから、もう少し広い意味に解せば、「聴覚障害者の母語は手話である」という考えも成立する余地はあるが、現在の成人聴覚障害者は日本語のベースの上に手話を使っているので、手話を母語としている例は少ないのでないかと思われる（たけむら 1991: 39）。

　神田の主張について、竹村は、「自らのろう児に自分の同じことばを習得

させたい」という親の権利をとりあげ、教育はそれに応じることであり、手話を無視する意図はないと反論している。ろう児の社会参加や統合のためには日本語を習得すべきであるとするろう教育の専門家の教育観は、自らのこどもに自分と同じことばを習得させたいという親のニーズと一致する。しかし、ここでは手話を自らの第一言語とするろう者の親の存在は無視されてしまう。また、聞こえないろう児にとって習得しやすいことばである手話で学ぶ権利を保障しないことにひそんでいる人権的問題・学習権の侵害は考慮されていないという問題もある。

・論点３：神田の「聾教育に日本手話を導入せよ」について

　神田は、「最近、話題になってきた『ろう教育に手話を導入する』際、日本語対応手話を導入するのは反対です」（かんだ 1989b: 56）と自らの立場を明確にしめし、「日本手話と日本語によるバイリンガルろう教育を実施すべきである」と主張した（かんだ 1989b: 58-59）。ろう児の手話獲得ためには、「手話で語りかけたり、手話のできる人を周りに配置する」、「同じような環境の子供や手話のできる子供同士遊ばせてやること」のような言語環境が必要であると述べながら、「言語学的には生後すぐ手話導入するのが理想的です」と主張した（かんだ 1989b: 57）。神田は、バイリンガルろう教育を実施する際に、手話と日本語を対等にあつかうのが必要であると次のように述べている。

　　　　言語学の常識では手話の獲得は日本語獲得の促進になることはあっても阻害にはならないのです。二つの言語を同時に与える言語教育法をバイ（二つの）リンガル（言語）教育といいます。これが最先端のろう教育なのです。
　　　　二つの言語を与える場合、何でも与えればよいという訳ではありません。必ず守らねばならない条件があります。それは二つの言語を同時に尊重するということです。一方を低くみたのでは効果は薄いのです。ところが言語は社会的な力関係があり、両者を同等に扱うためには教える側も同等の意識がなくてはなりませんが、えてして教育者は社会的偏見の典型である

ことも多く、この理念がなかなか実践できないのが実情のようで、バイリンガル教育の失敗例もあるようです（かんだ 1989b: 59）。

一方、竹村は、「日本語対応手話の立場では、『まず日本語を獲得することが必要であり、そのためには日本語対応手話が有効である。その上で、獲得された日本語（と日本文化）の上に、聴覚障害者のいろいろな文化の一つとして日本手話も発展するであろう』と考える」と立場をしめしたうえで、神田のバイリンガル論について次のように反論している。

> まず第一に、バイリンガルの一方の言語である「日本手話」には、純粋に日本手話を第一言語としている人が存在しないので、バイリンガル教育論は成立しない。
> 未就学のろう者を除いて、日本語を持たないで日本手話だけで生活しているろう者はいない。
> 特に日本手話の熟達者で日本手話（伝統的手話）を主張しているような人をみると、殆どが音声言語としての日本語を獲得していて、その上に日本手話を使っているような人たちであり、日本語を第一言語としている。（中略）聴覚障害をもって生まれる子の両親は大部分健聴者である。従って大部分の聴覚障害児の母語（親の言語つまり親が所属する共同体の言語）は日本語と言うことになる。
> また、両親が聴覚障害をもつ場合でも、両親の希望は手話は否定しないにしても、まず第一言語としての日本語を獲得することである。
> 神田氏のバイリンガル論の第二の問題点は、音声言語どうしのバイリンガルでは、どちらの言語も聴覚をメディアとしているが、日本語と日本手話のバイリンガルの場合、日本語は聴覚をメディアとした言語であるので、音声言語のバイリンガルの理論がそのままあてはまるのかどうかということである（たけむら 1991: 38）。

竹村があげている第二の問題点、つまり視覚と聴覚のモダリティが異なる手話言語と音声言語の間でも、第一言語である手話の習得が、日本語の獲得

を促進するという主張もある（カミンズ 2011）。ただ、手話で学ぶ権利が保障されていない現状は、教育学的・言語学的な根拠があるかないかという問題よりも、ことばをめぐる政治の問題である。竹村の「日本手話を第一言語としている人が存在しない」という主張は、ろう者の手話やろう者の世界を知らない、あるいは、知ろうとしない専門家によって、ろう教育における手話論が構築されてきたことを表している。また、その偏見にもとづく手話論は、日本に住んでいるろう者は、まず日本語を習得すべきであるという日本語至上主義に立っている[12]。

7．おわりに

　ここまで、日本のろう教育における手話論は日本語習得の観点から語られてきたことを確認した。また、近年の日本手話と日本語の読み書きによるバイリンガルろう教育は、戦前の一部のろう教育のなかでも実践されていたことであり、1980年代後半にも「日本手話」の名称や「日本手話」と「日本語対応手話」を区別する議論もあったことを確認した。このようなことは、日本語を優先してきたろう教育のディスコースのなかでは十分に言及されてこなかったことである。

　特に、本章では、ろう者のコミュニケーションの手段として手話が使用されていることを認知し、それを「尊重」しようとしたろう教育の専門家により同時法的手話や日本語対応手話が考案されたことを確認した。ろう教育の専門家は、日本語の習得に役にたつことを強調する際には、「手指で表わした日本語」として日本語対応手話を位置づけた。しかし、1980年代の後半、日本手話を認知しようとする動きの登場にともない、日本語対応手話も手話であることを強調するようになった。

　このようなことを検討した理由は、ろう教育のなかで用いられている日本語対応手話が、手話か手話ではないか、あるいは、言語か言語ではないかということを確認するためではない。

　「日本人」としてろう者を社会統合するためには日本語を習得させるべきであるという一つの規範のもとに、手話を日本語に対応させたものとして同

時法的手話や日本語対応手話があみだされてきたことを再確認することこそが重要である。なぜなら、その過程で、ろう者の手話は芸術や社会福祉の領域にふさわしいものとされ、教育言語として否定され、ろう教育から排除されてきたからである。

　本章では、ろう教育における手話は、聴者中心に議論されて、規定されてきたことを確認した。ろう教育の専門家たちは、手話を日本語に従属させながら、日本語の習得の補助、そして方便として手話を位置づけてきた。手話の使用を許容するとか、禁止しないという姿勢は、ろう者の言語権を保障するためではなかった。第2章では、このような時代的な背景や価値観のうえで、日本のろう文化運動から日本手話によるろう教育がどのように生まれるようになったのかを明らかにする。

[注]
1　たとえば、2003年にろう児とその親107人が日本弁護士連合会に日本手話で学ぶ権利をうったえ、人権救済申立をおこなった（全国ろう児をもつ親の会編 2004）。この申立に対して、日本手話と日本語対応手話の区別をめぐって議論がおこった（わきなか 2009: 57-60）。日本弁護士連合会は文部科学省に「手話教育の充実を求める意見書」を提出したが、そこでは日本手話という呼称は使われていない（こじま 2006: 155）。
2　3人の活動については上野益雄（うえの・ますお）（2001）がくわしい。
3　引用に際しては原文の漢字体とかなづかいを現代のものに改めた。一部、漢字をかなに改めてある。
4　手真似を含む手話関連語彙の変遷については、末森明夫（すえもり・あきお）（2015）がくわしい。
5　上野によると、ド・レペーは、ろう者が日常生活でもちいている手話をもとにして、「フランス語を示す記号を付け加えた」という（うえの 2001: 88）。ド・レペーによる方法的手話は、フランス語の動詞の活用なども手で表現するものであり、ド・レペーの後継者であったシカールは、ド・レペーの方法的手話にフランス語の文法的要素をさらに付け加えたという（うえの 2001: 89）。また、戦前の日本の手話分類については、甲斐更紗（かい・さらさ）（2015）を参照すること。
6　日本聴力障害新聞1988年12号には、「伝統的手話」という呼称について次のような批判が載せられている。「『同時法的手話』の対極に『伝統的手話』は位置づけられ、それと共に『伝統的手話』は古い滅びつつある手話、少なくともそのように運命づけられた手話という語感を持つようになってきます」（日本聴力障害新聞 1988: 8）。
7　田上・森・立野によれば、伝統的手話と同時法的手話、その中間の「中間型手話」がある。中間型手話の特徴として、①伝統的手話の単語をそのまま使う、②手話の並べ方は日本語とほとんど変わらない、③口話を併用することで手話の理解を助けているということをあげている（たのかみ、もり、たての 1981: 125）。

8 　あべ・やすしは、「語源をしらなければ『ただしい手話』をつたえられないというのは、聴者の発想であって、ろう者の主張ではない」とし、「ろう者の手話を語源の視点から『矯正』するという規範主義的な態度」の問題を指摘している（あべ 2012a: 15）。
9 　トータルコミュニケーションについては斉藤くるみ（さいとう 2007: 178-181）を参照すること。
10　手話コミュニケーション研究会が『日本語対応手話』で論じている「日本語対応手話」は、一般に難聴者・中途失聴者が日常生活でもちいている日本語対応手話とは異なるものである。また、日本のろう学校の現場でひろく使用されている口話と手話を兼用するものとも異なるものである。「手話コミュニケーション研究会」の「日本語対応手話」は、手話を日本語に対応させるための規則があり、その規則の多くは「同時法的手話」でも使用されていた。
11　「漢字手話」は、「同時法的手話」のなかでも考案された。
12　日本語至上主義の問題について、太田晴雄（おおた・はるお）（2002）が外国とつながりのある子どもの学校教育の文脈で論じている。日本語を第一言語としない外国とのつながりのある子どもは、日本の学校教育において第二言語として日本語を学習・習得することになる。太田は、「二言語的な背景をもつ子ども」を対象に第二言語である日本語のみによるモノリンガル教育が行われていることによって、教育達成の面などにおいてさまざまな不利が生じていると指摘している。太田は、その現状の背景には、「子どもたちの母語ができる教員」や「教材不在」など「現実的な制約」があると述べながら、「現実的な制約」の裏には「『日本語至上主義（Japanese only）』ともいうべきイデオロギーが他方で底流することも事実である」と主張している（おおた 2002: 105）。太田は、「モノリンガルな言語環境においてなされるこうした日本語指導に期待されているのは、子どもたちをできるかぎり多く日本語と接触させることによって、かれらの言語を日本語へとシフトさせることである」と述べている（同上）。手話を第一言語とするろう児の場合も、日本手話と日本語の読み書きという二つの言語を習得・学習する「二言語的な背景」をもっている。

第2章

日本手話によるろう教育をめざしてI
——フリースクール「龍の子学園」開校前史

1. はじめに

　本章の目的は、日本手話を教育言語とするろう教育を実施してきたデフフリースクール龍の子学園の開校に至るまでの歴史を描くことである。
　日本のろう教育では、これまで聴覚口話法による音声日本語の学習に重点を置いてきた。聴覚口話法とは、口の形や補聴器などを活用しながら音声言語を身につける言語指導法である。近年では手話を活用することが必要であるとされ、多くのろう学校では手話を取り入れた教育を実施している。ただ、ろう学校に勤務している教師の多くは聴者であり、手話でどの程度コミュニケーションがとれるのかについては、個人差が大きい。もし、ろう学校の教師の多くがろう者であれば、教師と生徒とのコミュニケーションは不自由なく成立するだろう。しかし、公立のろう学校の教師になるためには教員資格が必要である。現状では、教員資格を持つろう者の数は限られている。そのため、日本の公立ろう学校における教育は、聴者の教師を中心に進められている。そのなかで、2008年に設立された明晴学園は、教師のすべてが日本手話を身につけており、教師の半分程度はろう者である。明晴学園は、手話を活用するレベルにとどまらず、ろう児の第一言語である手話を教育言語として使用し、日本語の読み書きを第二言語として教育している。
　このようなバイリンガルろう教育は、1980年代から欧米で実施されてきており、日本へは1990年代に紹介された。そして1999年に成立した龍の子学園によって開始された。
　こうした動きについては、ほとんど先行研究がない。都築繁幸（つづき・しげゆき）（2006）、鳥越隆士（とりごえ・たかし）とグニラ・クリスターソン

(2003) などは、欧米の事例をとりあげたものであり、岡本みどり（おかもと・みどり）(2001)、竹内かおり（たけうち・かおり）(2003) は龍の子学園の関係者によって書かれたものである[1]。関係者による文献では龍の子学園が誰によって、どのような過程を経て立ち上げられたのかについては詳述していない。日本のろう教育史において日本のバイリンガルろう教育がどのような経緯を経て形成されてきたのかを明らかにすることは極めて重要である。

　また、バイリンガルろう教育の実践は、多言語社会研究という意味でも重要な意義を持つ。近年になって多文化共生や多言語主義、あるいは言語権という理念が認知されるようになり、日本語だけに価値を置くような教育は問題視されるようになってきている（おおた 2002）。

　日本が言語的・文化的な多様性を承認する開かれた社会になるためには、少数言語の存在を認知するだけでなく、少数言語に内在する多様性も把握する必要がある。つまり、少数言語や少数言語話者を一枚岩的にとらえるのではなく、その内実をふまえる必要があるということである。

　本章でとりあげるのは、ろう者コミュニティ内部における議論についてである。日本のろう者コミュニティでは、教育言語やろう者の言語的ニーズの多様性などをめぐって、さまざまな議論がある。たとえば、中村かれん（なかむら・かれん）(Nakamura 2006) は、ろう者の手話とは何かをめぐるDプロと全日本ろうあ連盟の対立をとりあげ分析している[2]。

　ただ、ろう教育の使用言語をめぐる問題についてはあまり言及していない。Dプロは龍の子学園設立の母体となった団体であり、ろう者と聴者によって結成された。Dプロは、日本手話と日本語対応手話を明確に区別し、その違いを無視したままでは日本手話話者のニーズは保障されえないと強く主張してきた。この姿勢は、さまざまな言語的背景をもつろう者コミュニティ内部に大きな波紋を呼び起こした[3]。

　Dプロは批判を浴びながらも、自分たちが理想とする教育空間を作ろうと模索した。そして、Dプロろう教育チームを結成し、龍の子学園というデフフリースクールを作った。

　本章で注目したいのは、第一に、龍の子学園設立の背景にある時代的・社会的文脈とはどのようなものであったのかということである。また第二に、

そのような背景のもとに、どのような人たちが集まって日本手話を教育言語とする空間を作ることになったのかということである。

本章ではこうした社会的文脈を明らかにするために、文献調査だけでなく、Dプロろう教育チームの中心人物への聞き取り調査を実施した[4]。

2. 日本のろう教育を取り巻く状況

2.1. 1980年代以前のろう教育

日本のろう教育は、「国語教育」に基づいた、聴能訓練と読唇を中心とする聴覚口話法が支配的であった[5]。しかし、聴覚口話法に「成功」したろう児は一部にすぎなかった。むしろ多くのろう児は教師の見えないところで手話を使用しつづけてきた（きむら 2001: 279）。つまり、ろう学校では、教育言語とろう児の間で使用される言語に大きなズレがあった。また、ろう学校の教員のうち多数を占めている聴者教員はろう者の手話が話せず、教師と生徒が十分に意思疎通できないという問題が起きていた。

1970年代に入ると、米国のトータルコミュニケーションの影響を受け、ろう学校に手話を導入しようとする動きがみられるようになる。トータルコミュニケーションとは、聞こえない子どもの書記言語の能力を高めるために、音声言語だけでなく、手話、指文字などの全ての方法を活用するという意味である。1970年代の米国のろう学校の約3分の2がトータルコミュニケーションを採択していた（つづき 2006）。トータルコミュニケーションは、読話と口話だけでは情報伝達に限界があることを認識し、指文字を多用するなど視覚的なアプローチを重視するものであった。特に、手話を教育に用いることの必要性を認識させたという意味で画期的であったといえる。ただ、手話を教育に用いるといっても、手話で教育するということではなく、手話を補助的に活用するということだった。1980年代には米国でろう文化運動が活発になり[6]、その影響で、トータルコミュニケーションの問題点が認知され、手話を教育言語とするバイリンガル教育の動きがはじまった。

日本では1978年にトータルコミュニケーション研究会（以下、TC研）[7]が発足し、1980年代にはトータルコミュニケーションが広がるようになっ

た。日本のトータルコミュニケーションは、米国の影響を大きく受けたものの、1968年に栃木県立聾学校の田上隆司が提案した同時法的手話（以下、同時法）を継承したものでもあった（同時法的手話については第1章を参照）。「同時法」は、「日本語を音声でなく、手で表現するために作られた手話」である。「日本語の単語の意味、文法ともに日本語と同じようにすること」や「口話法との併用を条件にして」作られた（たのかみ、もり、たての 1981: 131）。田上が考案した同時法は栃木県立聾学校以外では使われなかった。田上は「ろう学校の手話の使い方を見ると、ほとんどが口話の上に手話をのせている。これは同時法の考え方の実現だと思っています」と評価している（たのかみ、うがじん、もり 1997: 45）。

　ろう教育に手話を導入する動きには、ろうあ連盟も関わっている。ろうあ連盟は1948年に結成され、全国47都道府県に傘下団体を擁するろう者の当事者団体である。結成以来、ろうあ連盟はろう者の人権を尊重し、その福祉を増進することを目的に、さまざまな活動を続けてきた（財団法人全日本ろうあ連盟50年史編集委員会 1998）。ろうあ連盟は、同時法には批判的な立場をとったが、TC研究会の活動には協力的な姿勢をみせていた。例えば、1979年の第2回TC研大会には、ろうあ連盟の幹部が出席し、「音声言語と手話の併用を兼ねれば90%は読み取れるのに、口話だけでは30%も読み取れない」と述べた（トータルコミュニケーション研究会 1997: 18）。

2.2. 1980年代後半の運動――「ろう教育に手話を」

　1980年代後半、ろうあ連盟とTC研は、ろう学校に手話を導入するために連携を強化していく。ここでは、第20回TC研究大会記念誌「日本のTCの歩み」を参照し、当時の「ろう教育に手話を」という運動を詳述する（トータルコミュニケーション研究会 1997）。

　ろうあ連盟とTC研の連携は、ろう教育を変えるためには、成人ろう者の力が不可欠であるというTC研の提案によるものであった。当時、ろうあ連盟は厚生省を説得し、手話通訳士の認定試験を制度化するなどさまざまな成果を積み重ねていた。ただ、ろう教育の問題については、それほど力を発揮できていない状況であった。ろうあ連盟は、それまで専門家が中心になって

進められてきたろう教育に成人ろう者が参加することになるという点を評価し、TC 研の提案に賛同した。

このような過程を通じて、ろうあ連盟と TC 研の連携は徐々に強化されていく。1988 年 1 月 15 日には、ろうあ連盟の協力のもと、TC 研の主催でろう学校に手話を要求する討論集会を開催した。参加者は 320 人だった。

1988 年 10 月 2 日には第 2 回「ろう学校に手話を」討論集会が開催された。参加者は 200 人だった。この第 2 回討論集会では、TC 研と全日本ろうあ連盟の二団体を中心とした連絡協議会を結成し、ろう教育と手話に関する全国規模の討論集会を年に一度開催することを決定した。1989 年 6 月には TC 研とろうあ連盟は「ろう教育の明日を考える連絡協議会」[8]を結成した（同上：26-30）。

このような背景のもと、1993 年 3 月に文部省は「聴覚障害児のコミュニケーション手段に関する調査研究協力報告」を出し、聴覚口話法の限界を認め、聴覚口話法以外のさまざまなコミュニケーション手段としてろう教育に手話を導入することを認めた。しかし、手話の活用は、「国語の意味的側面の把握を補助すること」に重点を置いており、その活用も中学部以上に限定した（文部省初等中等教育局特殊教育課 1993）。

2.3. バイリンガルろう教育の輸入と人工内耳

1990 年代には欧米のバイリンガルろう教育の情報が入ってきた。バイリンガルろう教育の情報が入ってきたきっかけの一つは、1991 年に、世界ろう連盟（World Federation of the Deaf）による第 11 回世界ろう者会議（主管：ろうあ連盟）が、東京で開催されたことである。会議には 52 カ国から 7000 人以上の参加者が集まった。会議では、「就学前の子どもに手話を使う環境で成長する機会を与えること」や「ろう児には手話とろう者の文化が大きな役割を果たすろう学校が必要である」ことなどが決議された（第 11 回世界ろう者会議組織委員会編 1992: 24）。

ここで、欧米のバイリンガルろう教育の動きについて簡単に述べておく。1980 年代に日本では米国の影響を受け、トータルコミュニケーションの導入が議論された。しかし、米国ではすでにトータルコミュニケーションを問題

視するようになっていた。これは、米国のろう文化運動の影響を受けたものでもあった（Lane 1992）。また、1980年代、スウェーデンでは国の言語政策としてバイリンガルろう教育の研究が進められていた（鳥越・クリスターソン 2003）。

このような世界の動向に関心を示したのは、ろう教育に手話導入を主張してきたろう教育者とろうあ連盟だった。共同で主催した研究会ではバイリンガルろう教育がテーマとして何度も取り上げられた。また、ろう教育者、成人ろう者は欧米のバイリンガルろう教育の現場を訪ねた。

だが同時にこれまでろう教育の主流を占めてきた聴覚口話法も補聴器の性能改善や人工内耳の導入によって、より一層強化されていく。人工内耳は内耳に電極を入れ込み、聴神経を刺激する装置である。当初ろう教育者は人工内耳の普及に慎重な態度を取っていたが、徐々に時代の変化として受け入れていくようになる（たなか 2012）。1994年に人工内耳に健康保険が適用され、小児を対象とした手術が増加していく。そうして、ろう学校から普通学校に移されるろう児が増加することになる。

3. Ｄプロの発足とろう文化運動

本節では、龍の子学園の設立にかかわったＤプロがどのような文脈で生まれ、どのような活動をしてきたのかを述べる。

1990年代初頭から、ろう教育専門家やろうあ連盟の動きとは別の動きとして、米国に留学経験を持つろう者や米国のろう文化に接した若いろう者を中心に、「日本手話」とろう文化に焦点をあてた活動が始まる。代表的な役割を果たした人物のひとりが木村晴美である。1991年に木村は聴者である市田泰弘とともに、ミニコミ誌『D』を発刊した。"D" とは、"Deaf"（デフ、ろう者）の頭文字からとってきたものである。米国では「ろう者」を手話とろう文化という、独自の言語と文化を共有しているひとつの「エスニックグループ (ethnic group)」としてとらえ、小文字のdではなく、大文字のDを使っていることに倣った（D編集室 1991）。木村と市田は『D』を通じて、米国のろう文化運動、日本手話と日本語対応手話の違いやバイリンガルろう教育な

どを紹介していった。

　1993年5月には、Dプロという団体が結成された（D編集室1993）。Dプロは『D』の思想に賛同するろう者と聴者の9名によって結成されたグループである。Dプロは「バイリンガリズム／バイカルチュラリズム（二言語／二文化主義）」を結成の理念とした。バイリンガリズム／バイカルチュラリズムは「日本語と日本手話という二つの言語、聴者の文化とろう者独自の文化という二つの文化を尊重しようとする理念」である。Dプロによれば、これを理念としたのは「ろう者は、日本語と日本手話という二つの言語をもち、聴者の文化とろう者独自の文化という二つの文化に生きている。しかし、実際には、二つの言語、二つの文化のうち、日本手話とろう文化はいつも、劣ったものとみなされ、価値を置かれず、敬意を払われず、無視されてきた」からであった（D編集室1993: 1）。

　1994年7月にDプロは「ろう者による、ろう者のための、ろう者のイベント」であるDeaf Dayを企画した。Deaf Dayでは、米国からきたレスリー・C・グリアの「バイリンガリズムとバイカルチュラリズム」という講演をはじめ、「日本手話」による手話通訳の必要性などについて討論会が開催された。このようなDプロの活動はろう者の世界では知られていたが、聴者の世界にはそれほど届いていなかった。Dプロの思想や活動が聴者に知られるようになったきっかけは、1995年3月に『現代思想』に掲載された木村と市田による「ろう文化宣言」であった。以下で「ろう文化宣言」の主要な論点を確認する。

1. ろう者とは、日本手話という、日本語とは異なる言語を話す、言語的少数者である（きむら、いちだ1995: 345）。
2. ［…］この口話主義のもとで、手話は弾圧され続けてきたのである。（略）（引用者注：トータルコミュニケーションは）音声言語を話しながら手話の単語を並べるシムコム（Simultaneous communication: sim-com）が教育現場で使われるようになったにすぎなかった（同上: 355-6）。
3. シムコムは、二つの言語を同時に話そうとする試みであるが、同時に二つの言語を話すことは所詮無理なことであり、日本語か手話のどち

らか（あるいはその両方）が中途半端になる。とりわけ、日本語の音声が聞こえないろう者にとっては、きわめて不完全なコミュニケーション手段だと言わざるを得ない（同上: 359）。
4．［…］ろう学校の教師の大半は手話が話せないし、生徒同士の手話の会話を理解することもできない（同上: 356）。
5．手話通訳者の大部分は、日本手話を理解することも表現することもできない（同上: 360）。
6．日本手話を話すろう者と、シムコムを最善のコミュニケーション手段としている中途失聴者・難聴者とでは、その言語的要求が異なっているということを理解することもまた、重要なことである。ろう者と中途失聴者・難聴者を一括りにした「聴覚障害者（聴力障害者）」という名称の使用は、その点で大きな問題をはらんでいる（同上: 362）。

「ろう文化宣言」は、社会言語学者や言語学者など、さまざまな方面に反響を呼び、1996 年には、『現代思想』増刊号として総特集『ろう文化』が組まれた。

一方、「ろう文化宣言」以降、Dプロは、中途失聴者・難聴者やろうあ連盟からは激しい反発を受けた。中途失聴者である長谷川洋（はせがわ・ひろし）は「中途失聴者・難聴者がつかう手話に対して、手話ではないと主張することは、言葉やアイデンティティを奪う行為である」と批判した（はせがわ 1996=2000: 104）。また、新井孝昭は、「中途失聴者や難聴者のコミュニケーション手段に対して『言語』かどうかを付き付けて、その不完全さを論じることは、相手に差別的なレッテルを貼る行為にもなる」と主張した（あらい 1996=2000: 66）。また、中村かれんによれば、ろうあ連盟は、手話能力を問わず、聴覚障害がある人ならだれでも受け入れていることにプライドを持っており、ろうあ連盟のリーダーたちはろう者としてのアイデンティティを持っているにもかかわらず、Dプロから難聴者と呼ばれ、自らの組織が「難聴者団体」と呼ばれることに戸惑ったという（Nakamura 2006: 173）。

「ろう文化宣言」は日本手話を言語と位置づける一方で、シムコムを「コミュニケーション手段」として区別していた。そこには、まず、言語をコミュ

ニケーション手段よりも優位に置くという問題があった。ろう者の手話の権利を主張するために、ろう者コミュニティ内部の多様なあり方に優劣の視点をもちこんでしまったという問題点があった。

　石川准(いしかわ・じゅん)は、「差別は人を否応なく存在証明にくくり付ける」と述べている(いしかわ 1992: 31)。「ろう文化宣言」は、まさにろう者の言語である手話とろう文化の価値を宣言するものだったといえる。その宣言はろう者コミュニティ内部にも向けられていた。「ろう文化宣言」は「ろう者」を「日本手話という、日本語とは異なる言語を話す、言語的少数者である」と定義した。これは、日本手話のできない聞こえない人を「ろう者」の定義から排除するものだったといえる[9]。

　こうしたなかでDプロは、ろう者コミュニティのなかでも、特に若いろう者に大きな影響を与えた。1996年に開催された Deaf Day の参加者は1200人を超えた。また、1996年4月にDプロはろう者学研究センターを創設し、4つの研究チーム(手話教授法、手話学、手話通訳・翻訳、ろう者の歴史)をスタートさせた(Dプロ 2001: 11)[10]。米内山明宏(よないやま・あきひろ)は96年の Deaf Day において、「今後はろう者がリーダーとしてやっていける体制を整えるべくして、そのための養成活動に力を入れたい」と述べている(よないやま 1996: 1)。研究チームは各チーム別に10人から30人くらいの若いろう者が集まり、月1回、ろう者学セミナーを開いたり、Dプロ会員を対象に公開研究会を開催していく。

4. Dプロろう教育チームの設立と活動

　1998年にDプロは五番目の研究チームとしてろう教育チームを立ち上げた。ここではDプロろう教育チームの結成の背景や龍の子学園の設立経緯や目的について述べる。

4.1. Dプロろう教育チームの設立背景
　日本手話とろう文化が尊重される社会の実現を目指すDプロにとって、ろう教育は特に重要な問題である。ろう児は他の言語マイノリティとはことな

り、家庭や地域の中で「母語」を身につけることが難しい。ろう児の多くは聞こえる親の元に生まれ、ろう学校で手話を習得する。つまりろう者にとっては、ろう学校は手話を伝承していく場である（やまもと編 2004: 203-204）。

　Dプロろう教育チームは、ろう教育の専門家とろうあ連盟の働きかけによって手話を導入するろう学校が増加するようになり、また人工内耳が普及しはじめたころに立ち上がった。まず、人工内耳の普及はろう学校の生徒数の減少に繋がるという点で問題であると思われた。さらに、自らを日本手話を第一言語として使用する言語的少数者として認識しているDプロにとって、聞こえないことを「治すべきもの」としてとらえる人工内耳は非常に危険なものに感じられた。Dプロは、ろう教育についてもみずからの主張を示すべきであると考えていた。1999年に発行されたDプロ紹介パンフレットには次のように述べている。

　　　ろう教育においても、生徒人数の減少に歯止めをかけなくてはいけない時期に来ています。ろう学校をとりまく情勢も厳しくなってきました。インテグレーションによる生徒人数の減少は、ろう文化の後世代への伝承をも危うくします。DPROは危機感を強めています（Dプロ 1999: 5）。

　また、Dプロは、ろう教育への手話の導入についても違う見解を持っていた。ここでは、ろう教育にどのような手話を導入するのかについて、Dプロがどのような認識に立っていたのかを確認する。

　90年代には、先に述べたように、欧米のバイリンガルろう教育の情報が紹介され、いくつかのろう学校では、ろう児にできるだけ早期に手話に接する機会を与えようと、ろう学校の幼稚部に手話を導入するようになる。1994年には、足立ろう学校が幼稚部課程に「手話を使用しつつ聴覚活用の可能性を最大限追求する」聴覚手話法をはじめる（やざわ 2000）。また、「ろう教育の明日を考える連絡協議会」の研究会や「トータルコミュニケーション研究大会」は、ろう学校の幼稚部に手話を導入しているろう学校の試みを肯定的に評価した。

　しかし、このような変化をDプロは肯定的に捉えなかった。Dプロのリー

ダーのひとりだった木村はろう教育チームを立ち上げた理由について「ろう教育に関する団体が、欧米で実践されているバイリンガルろう教育を日本に紹介しても、日本のろう教育界は、そのバイリンガルろう教育を本質的に理解しようともせず、何も変わろうとしない」と述べている（きむら 2007: 34）。このような問題意識にもとづいて、Dプロはろう教育の改革のために、1998年に「Dプロろう教育チーム」と「ろう教育を考える会」をスタートさせた。1998年9月22日に中野区勤労福祉会館にて開かれた第1回ろう教育を考える会においてこれからの方針が決められた[11]。一つは、「モデルとして学校を設立すること」、もう一つは「運動として人権救済センターを利用すること」であった[12]。第一回ろう教育を考える会には、Dプロのリーダーたちとろう教育チームの若いろう者・聴者が参加していた。木村晴美は、ろう教育を考える会は「聾学校で使う基本的な言語として日本手話を法的に位置づけるための活動」をするために結成したと述べている（きむら 2012: 15-16）[13]。ろう教育を考える会は、聴覚障害者組織、ろう児の保護者、ろう教育関係者などに呼びかけ幅広く活動していくという特色をもっていた。弁護士などが参加しており、Dプロという組織の外部の活動という性格をもっていた（ろう教育を考える会や弁護士会の議事録）[14]。ろう教育を考える会の活動は、2003年に日本弁護士連合会にたいするろう児の人権救済申立に結実する[15]。

モデルとしての学校設立とは、日本手話を教育言語とするろう学校をみずから実践してみせることを意味する。最初から学校を設立することは難しいので、まずはフリースクールからはじめるという話になった（ろう教育を考える会 1998）。ただ、当時、学校設立が実現できるとは思ってなかったという（2012年9月3日、はせべからの聞き取り）。Dプロろう教育チームの結成過程については次節で詳しく述べる。

4.2. Dプロろう教育チームの結成

1998年2月に若いろう者8人が集まりDプロろう教育チームを結成するための意見交換会を開いた。Dプロに入ったばかりの榧（ろう者）がリーダーになった。榧は大学院でろう教育を専攻し、米国のバイリンガルろう教育についての修士論文を執筆していた。榧はろう教育チームの結成や自らがリーダ

ーになったきっかけについて次のように述べている。

> 　Dプロの合宿に行って木村晴美さんのバイリンガルの話を聞いてすごく感銘を受けて、わかってくれるひとがいるんだと思いましたね。一緒にバイリンガル教育のために何かしたいと私から言ったんですね。アメリカのバイリンガルろう教育について書きましたと言ったら二人もすごく喜んでいて。じゃ、一緒に活動しましょうとなって（2012年10月15日、かやからの聞き取り）。

　同年3月には、以前にろう学校の教師をしていた長谷部（聴者）が合流した。長谷部はDプロの代表だった米内山明宏（よないやま・あきひろ）が運営していた「手話寺子屋」で手話を学んでいた。長谷部はろう学校の教師を辞めた理由について次のように語った。

> 　前の学校の校長先生にろう学校行けと言われたときに、手話できないと言ったんですが、ろう学校はみんなしゃべれるようになるし、しゃべれるために訓練するのがろう学校だから、大丈夫だって言われて。（中略）一番最初に担任した男の子がデフファミリーの子で、ものすごくおしゃべりなんですね。指文字と手話と口型でしゃべるんだけど、私はさっぱりわからないので、適当に返事をした時期があって、優しい男の子なのに、くるくる固まって引っ張っても動かなかったんですよ。なんでそんなことするのと聞いたら、僕はいっぱい話したいのに、長谷部先生はちっともわからないって。だから一緒に授業するのは嫌だって（2012年9月3日、はせべからの聞き取り）。

　その後、長谷部は「ろう文化宣言」を読んで、先輩から言われた「聞こえない子たちが社会に出るためには私たちは心を鬼にして、口話をしゃべれるように訓練するのが子どもの幸せだ」というのは、「間違っているのではないか」と思ったという。3年後に、長谷部は、ろう学校を退職した。長谷部は、その理由について次のように語った。

辞めるときに、高等部の1年生（担当）に変わったんですよ。そのときに、ワールドパイオニアの手話マガジンとか取り寄せて子どもたちと一緒に見たら、当時私はビデオ見てもわからなかったんですよね。ところが、高等部の子どもたちはケタケタわらいながら、すごい感動して見ていて。ビデオが全部見終わった後に、今までの長谷部先生の授業中で一番良かったと言われて。私はビデオ入れただけでしょう（2012年9月3日、はせべからの聞き取り）。

　このような経験を経て、長谷部は、「個人的な都合もあったけど、手話ができない自分のような聴者がろう学校の先生になってはならない」と考えたという（2012年9月3日、はせべからの聞き取り）。
　1998年4月にDプロろう教育チームは正式にDプロろう者学センターの五番目のチームとして発足した。Dプロろう教育チームのメンバーは20人あまりで、多くはろう学校を卒業した20代の若いろう者だった。その多くは、Dプロリーダーの講演に感銘を受けDプロに入った。例えば、小野広祐はDプロに出会ったときの衝撃について次のように語っている。小野は親とろう学校で口話教育を受け、自らできるだけ手話使用を避けていたが、ろう学校の生徒同士の間では日本手話が使用されていたので、日本手話の読み取りはできたという。

　日本語対応手話を使いはじめたものの、まだ自分のことばが見つからず、悩み続けていた。高等部2年のときに先輩から「木村晴美さんの講演があるから行こう！」と誘われた。絶対に行ったほうがいいと勧められ先輩と一緒に参加したが、聞くことすべてが新鮮で刺激的で、そこで今までの疑問が一気に解消された。
　その講演に参加するまで、私は自分を障害者だと思っていたし、聴者の方が素晴らしいと思っていた。手話は日本語に比べると劣っていると思っていたが、手話も言語であり文法構造が日本語とは違うのだということを知り、驚いた。（中略）これを契機に私は変わったのだ。木村晴美さん、

市田泰弘さんが執筆された「ろう文化宣言」（『現代思想』青土社、1997年[ママ]）を読んだり、先輩に米内山明宏さんの演劇などいろいろな所に連れていってもらったりしたおかげで開眼できた（おの 2003: 88-89）。

　このように、Dプロを通じて、手話言語とろうである自分についてプライドを持つようになった若いろう者は、ほぼ一月に一度のペースで集まり、バイリンガルろう教育についての学習会をはじめた。1998年5月にはろう教育チーム内の組織と役割分担を行い、「学習」「研究」「企画」の3本柱でいくことになった。「学習」「研究」では、欧米のバイリンガルろう教育の資料を集めたり、日本のろう学校の情報交換をするなどして、日本においてバイリンガルろう教育を始めるにはどうすればいいのかを模索した。同年6月には「ろう教育のあり方について」の公開討論会を開催した。「企画」は成人ろう者がろう児に出会うためのキャンプを計画した。同年8月にはろう教育に関する相談活動を行う「ろう教育なんでもコーナー」を新設した（1998年、Dプロろう教育チーム議事録）。

4.3.「フリースクール」との出会い

　そのような活動の中で、Dプロろう教育チームは成人ろう者とろう児が集まる場所としてフリースクールを設立することを検討しはじめた。

　そこには二つの背景があった。一つは、1998年7月に榧と長谷部がフリースクール「英明塾」を見学したことである。1980年代から不登校の子どもが増え社会問題になり、1990年代にはフリースクールが増加していた（きど 2004）。長谷部はふとフリースクールに関する本を読み、その本で紹介されていた英明塾に電話をした。長谷部によれば「フリースクールってどうやったら作れるのか聞いたら、今日からフリースクールって言えば、誰でも作れるって。教員の免許も要らないし（略）ただ子どもたちは学校に籍をおかなきゃいけないし、経営は大変苦しいよ。もしよかったら、見にいらっしゃい」と言われたという（2012年9月4日、はせべからの聞き取り）。

　もう一つの契機は、1998年8月に池田と小野が、ろう児を集めてワークショップを開いていたろう者のグループを見学したことである。そのグループ

は、ろう児と成人ろう者がいっしょになって毎月ワークショップを開いていた。そのグループは1999年2月にスマイルデフ・フリースクールを開校した（あおやま 2003）。Dプロろう教育チームの若いろう者たちは、情報交換と交流を目的にそのグループを訪問した。しかしDプロの若いろう者は、そのグループの方針に違和感があったという。池田は「スタッフの方はインテグレーション（統合教育）したひと、あるいは難聴のかたなので、そこでは私が求めるものは達成されないと思って。きちんとろう者がろうのそのままでいいんだという、ろうであることが当たり前なんだという、解放されたそのような場所を作ろうということでフリースクールをということになったんです」と当時を振り返っている（2012年10月15日、いけだからの聞き取り）。

4.4. 成人ろう者とろう児が出会う場所としてのデフフリースクール

ここでは、榧、長谷部、小野、池田に対する聞き取りを中心に、Dプロろう教育チームの成人ろう者がろう児の集まる場所を作ろうと思った理由について述べる。

第一に、ろう児に手話に出会う機会を与えることである。榧は次のように述べている。

> ろう学校は口話教育にとらわれていて、手話に出会えないまま大きくなってしまうことが多かったですね。手話で勉強すればもっと勉強できるし、高等教育も受けられる。大人の手話をみることによって子どもの手話を育てる。聞こえないからと言って諦める必要はない。手話があれば聞こえる子と変わりなくまったく遜色なくできるんだという気持ちで。私自身、手話に出会ったのも遅かったので、きちんとした日本手話を獲得することも難しかったですし（2012年10月15日、かやからの聞き取り）。

榧は、小学校まではインテグレーション教育を受けた。これについて榧は「6年間友だちもいなく、きちんとしたコミュニケーションも取れなくて、学生生活を楽しむこともできなかった」と述べた。中学校からはろう学校に移り、手話単語を覚えるようになり、コミュニケーションが取れるようになっ

た。だが、日本手話に出会ったのはDプロに入ってからだったため、日本手話ができるようになるまで苦労した。こうした経験を持つ榧は、ろう児に手話で学ぶことができる環境を提供したかったと語る。

　第二に、ろう児に伝わる教育を行うことであった。手話が話せずろう学校を離れた元教員である聴者、長谷部は次のように語った。

　　「ろう文化宣言」読んでから一年過ぎたときに学校で行事があって、手話通訳のひとが学校にきたんですよ。（中略）通訳を見たのははじめてで。（中略）私が授業しなくて、あの人たちが横にいたら、子どもはもっと授業がわかるのに。思わず言ったら、すごく怒られて。ろう学校はそのことするための学校じゃない、日本語を話すためにある学校だから、そういう発想自体が間違っている。けど、あのひとがいたら、わからないことばもわかるのに（2012年9月4日、はせべからの聞き取り）。

　第三に、自分たちが受けてきた口話教育をろう児に経験させないためである。厳しい口話教育を受けてきた小野は次のように説明している。

　　一番大きな目的は今の小さいこども達に自分達のような口話教育を受けさせないことですね。ただ、活動を続けていく上で、実践の場がなければ、実証できないですよね。そこでフリースクールが必要だという話になりました（2012年10月15日、おのからの聞き取り）。

　第四に、ろう児にろう者のコミュニティに触れる機会を与えることである。池田は次のように語っている。

　　やはりまず、ろうの子どもたちが安心してろう者同士で集まっていく集まりが必要だろうと思ったんです。私自身も大きな大会とかに行ってろう者のコミュニティに入ろうとか心地よさとかそういったものを体験していたので、まずは小さい子どもたちにそれを経験させてあげようということですね。ろう者はろう者のままでいいんだ。それを知る機会や環境を与え

たいと思ったというのが一つ。そして、これまでろう教育は聴者に奪われていたわけです。それを取り戻すために何かしなければならないと思ったんですね。やっぱり子どもたちがろう同士で交流をしたり、遊んだりする、そういう様子を保護者の皆さんにも見て欲しかったんです。はやくその場を作ろうと（2012年10月15日、いけだからの聞き取り）。

　池田も他のろう者のように口話教育を受けたがそれほど厳しくなく、池田のろう学校にはデフファミリーの子どもも多かった。また、先輩と後輩の関係も深かった。ろう学校の時代から日本手話を使用しており、ろう学校を卒業した後にはろう者社会と密接な関係を持っていた。池田にとってろう者が手話を使用するのは当然のことだった。しかし、高校卒業後に入った職業訓練機関で出会ったろう者には、手話ができない人、口話だけでコミュニケーションをとっている人、手話がまったく通じない人がいた。池田はそのことに驚いた。池田は、その後、TC研の大会でろう学校の教師らが日本語対応手話を使用しながら、自分たちは手話を使っていると主張している様子を見て、このような状況が手話のできないろう者を生みだしていることに気づいたという（2012年10月15日、いけだからの聞き取り）。

　このようにさまざまな背景を持つ人たちが集まって、デフフリースクール龍の子学園が誕生した。1999年4月のことである。

5. おわりに

　1993年に結成したDプロは「ろう者とは、日本手話という、日本語とは異なる言語を話す、言語的少数者である」と主張し、日本手話で学ぶことができないろう学校の現状を強く批判してきた。1998年にDプロはろう教育の問題を自分たちで研究し、問題提起するために、Dプロろう教育チームを立ち上げた。そして、Dプロろう教育チームは日本手話によるろう教育を自分たちで実践するために、デフフリースクール龍の子学園の設立を計画しはじめる。Dプロろう教育チームにはさまざまな人たちが集った。たとえば、インテグレーションを経験したろう者である榧（かや）は、普通学校でコミュニケーシ

ョンの不全を経験し、十分に学ぶことができなかった。そのため、ろう児には手話に出会うことのできる空間が必要だと認識していた。ろう学校教師の経歴を持つ長谷部は、手話ができずに十分に教えることができなかったという意識があり、そのため、ろう児に内容が伝わる教育が必要であると認識していた。厳しい口話教育を受けたものの、ずっと「自分のことば」は何なのかと悩みつづけきた小野（おの）は、今後はろう児に自分のような口話教育を受けさせたくないという意識があった。ろう学校を卒業し、卒業後もろう者社会と密接な関係を持っていた池田（いけだ）は、ろう児にはろう者のコミュニティに触れる機会が必要であると認識していた。

　こうしたさまざまな属性や経験を持つ人たちがチームとなり、議論を重ねてきたのである。その議論の内容は、ろう児には日本手話に出会う機会が必要であり、日本手話による教育が必要であるということであった。そして、そのような空間として、バイリンガルろう教育を実践するろう学校を作りたいということであった。ろう教育チームは、手話で議論を重ねてきた。その手話は、多様なメンバーの集まりであることを反映していた。つまり、手話の学習者もいれば、手話を第一言語とする人もいた。日本語対応手話の使用者もいた。そうした違いがありながらも、チームのメンバーたちは、互いに歩み寄りながら手話によるコミュニケーションをつづけてきたのである。そのなかで、手話が上達した人もいたという（2013年12月4日、はせべからの聞き取り）。

　ろう教育チームは、ろう児のためのデフフリースクールを作ろうとしていた。しかし同時に、チームそのものが手話を学びあう空間でもあったのである。ろう児のためのデフフリースクールが設立されたという結果だけが重要なのではない。そこに至る過程において、どのような人たちが集って、どのように議論を形成してきたのかということも、同じく重要なのである。

　以上、本章では日本手話を教育言語とする龍の子学園の設立に至る経緯を確認してきた。第3章では、龍の子学園を開校してから、どのように教育が行われてきたのかを明らかにする。

[注]
1 龍の子学園の意義については上農正剛（うえのう・せいごう）（2003: 166-171）を参照のこと。
2 Dプロの歴史については木村（2012）を参照。Dプロの「プロ」は、「project プロジェクト（計画）」「promotion プロモーション（振興）」「production プロダクション（制作）」に共通する"プロ"である（きむら 2012: 11）。
3 日本手話と日本語対応手話については、その区別や呼称をめぐってさまざまな立場があり、議論が続いている。Dプロは日本手話を「日本語とは異なる言語体系をもつ」ものと定義し、日本語対応手話を「日本手話の単語を借りて日本語の言語構造にあわせて表現するもの」と定義し区別している（きむら・はるみ 2011: 16, 20）。全日本ろうあ連盟は、両者を区別することについて「ろう者の現実を無理に分類することである」と危惧している（財団法人全日本ろうあ連盟「『日本手話』によるろう教育を求める『人権救済申立』に対する見解」2003年10月17日、わきなか 2009: 58 から再引用）。神田（かんだ）編（2009）、高田（たかだ）（2011；2013）、斉藤（さいとう）（1999）、森（もり）（2005）などを参照のこと。本章では、これまで十分に明らかにされてこなかったDプロの主張や龍の子学園設立に至る経緯を記録することに重点を置いた。それゆえ日本手話、日本語対応手話という用語も使用している。
4 聞き取りしたのは、ろう者の榧陽子（かや・ようこ）氏、池田亜希子（いけだ・あきこ）氏、小野広祐（おの・こうすけ）氏3人、聴者の長谷部倫子（はせべ・ともこ）氏である（以下、敬称略）。4人は龍の子学園の設立後には、龍の子学園の事務局を担当しており、龍の子学園の設立過程について詳しい人物である。ろう者への聞き取りは通訳会社に手話通訳を依頼した。調査は2012年9月3日・4日・5日と、10月15日、11月22日に実施した。また、2013年12月4日に追加調査を実施した。Dプロろう教育チームの活動を調べるために、議事録や会議を撮影した映像等の一次資料の提供を受けた。インタビューに応じてくださった4人の方々と資料を提供してくださった関係者の皆様に心からお礼申し上げる。
5 戦前の口話法と手話法の論争については清野茂（せいの・しげる）（1997）、本多創史（ほんだ・そうし）（2003）が詳しい。
6 米国では、1980年代にろう者のための大学であるギャローデット大学で「今こそ、ろうの学長を」という抗議活動が起こった（Sacks1989）。
7 2003年第26回TC研大会・総会（7月30日）でTC研は「ろう・難聴教育研究会」に会の名称および目的を変更した。伊藤政雄（いとう・まさお）（2003）「会の名称および目的の変更についてのご挨拶」(http://www.deaf.or.jp/tc/greeting03.htm) を参照のこと。
8 ろう教育の明日を考える連絡協議会は、2010年に法人認可を受け、「特定非営利活動法人ろう教育を考える全国協議会」に改称した。
9 このようなDプロの立場は、「排他主義」といわれた。これについて、Dプロは1999年版DPRO紹介パンフレットにおいて次のように述べている。「DPROの理念は、「排他主義」「デフ・ナショナリズム」に基づくものではありません。「ろう者至上主義」でもありません。多数者からの抑圧、つまり聴者の抑圧からの解放をめざして運動をしているだけにすぎないのです」（Dプロ 1999: 5）。
10 1997年にろう文化チームがスタートした。1998年3月には手話通訳・翻訳チームは解散し、手話教授法チームと合併した（Dプロ 2001: 11）。
11 斉藤道雄（さいとう・みちお）氏から第1回ろう教育を考える会の様子を撮影した映像の提供をいただいた。この場を借りてお礼を申し上げる。その映像には、会議の様子や議論

が撮影されていた。映像に映っていた議論は、手話通訳を依頼して読み取ってもらった。
12 人権救済センターの正式名は、「東京弁護士会子どもの人権救済センター」である。東京弁護士会子どもの人権救済センターへの相談からはじまった活動は、2003年の日本弁護士連合会にたいする「ろう児の人権救済申立」に発展した。
13 1998年4月に長谷部は、東京弁護士会「子どもの人権110番」に電話相談をした。相談内容は、ろう学校における生徒同士の問題の解決をめぐる、ろう生徒と親・教師のコミュニケーションのことであった（こじま 2003: 186）。その時、担当弁護士だった小嶋勇（こじま・いさむ）が「人権救済申立という方法についてアドバイス」をした（同上）。
14 ろう教育を考える会は、1999年3月に「弁護士会」に会の名前を変更した。
15 Dプロは、日本手話を教育言語として法的に位置づけるために、訴訟を提起することを考えていた。しかし、費用や時間などの問題で、人権救済申立をすることになった（1998年9月22日のろう教育を考える会の議事録）。

第3章

日本手話によるろう教育をめざしてII
――フリースクール「龍の子学園」開校とその展開

1. はじめに

　これまでのろう教育は、「『日本語をどうやって聾児に習得させるか』という言語指導の部分こそが聾教育の最重要課題」とされ、ろう者は限定的な役割しか担うことができなかった」(かなざわ 2001: 18)。1999年に設立された龍の子学園は、これまでの日本語を優先するろう教育の仕組みから脱却し、「ろう者がろう児に教える」新たなろう教育の仕組みを作りあげた。

　日本の社会言語学ではろう者や手話について基本的な認知はされているようだ。たとえば、日本手話を教育言語としている明晴学園については、多くの文献で言及がある(きむら 2010; あべ 2012a; ましこ 2014)。しかし、事例としての言及にとどまるものがほとんどであり、具体的な教育実践を取り上げたものや、学園の設立過程を記述したものはない。あるのは関係者によるまとめだけである(おかもと 2001; たけうち 2003; おか 2011; かや 2012)。龍の子学園が開校されるまでの過程に注目したクァク・ジョンナン(2014)で示したが、龍の子学園ではろう者だけでなく、聴者も深く関与していた。しかし、聴者の活動について言及しているものはほとんどない。

　日本において、すべての教育課程で日本手話によるろう教育を実施しているろう学校は、明晴学園だけである。本章ではその明晴学園の前身である龍の子学園をとりあげる。本研究は、特定の教育施設に注目した事例研究である。ただし本章で確認するように、そこで見られる相互行為や活動はこの社会のなかで起きていることであり、龍の子学園や明晴学園の実践をくわしく見ていくことで社会問題としてのろう教育の実態を浮きぼりにすることがで

きると考える。

　本章は、龍の子学園の展開過程をくわしく記述するだけでなく、龍の子学園の教育実践を分析することで、ろう者と聴者の関係性の問題や、ろう教育が直面せざるをえない困難について考察することを目的とする。そのために、龍の子学園の一次資料の分析に加え[1]、龍の子学園の中心人物への聞き取り調査を実施した[2]。

2．龍の子学園の概要と展開過程

　龍の子学園は、1999年4月24日に東京都水元青年の家で設立された[3]。当初は、月に一回、第4土曜日に学園を開き、幼稚部、小低部（小1〜3年）、小高部（小4〜6年）、中学部の四つに分け、それぞれ活動をした。毎回10時に活動を開始し16時に解散した。子どもの発達に応じて、遊びやレクリエーション、図工やリズムなどの表現活動、話し合い活動、国語・算数・社会などの教科学習などを行った（龍の子学園 2000: 2）。

　龍の子学園は、「（これまでの）ろう教育では日本語の獲得が主な目標とされ、子どもたちは受身になって、口話や聴覚活用などの訓練を受け」ていると主張した。「日本語にこだわるのではなく」、「あらゆる会話・遊びが、手話で行われる環境」が重要であり、「子どもたちが心底から楽しめるような環境」を提供したいと考えた（同上: 6）。

　当初は、30〜50名程度のろう児が参加していた。ろう学校に通っている子どもや普通学校に通っている子どもなど、さまざまな言語的背景をもつろう児が参加していた。

　スタッフは20〜30名程度であり、多くはろう者で聴者は6〜8名が参加していた。スタッフは20代から30代前半の若者であった。会場は、「府中青年の家」など公的施設を借りて確保していた。参加費は1000円で、学園の運営費用はスタッフたちの交通費、食費はもちろん、事前打ち合わせのときの宿泊費、資料代、通信費にいたるまで、スタッフたちが負担していた。スタッフは、学園前日の金曜日に会場に集まり合宿しながら、次の日の授業などの準備をした。

2000年5月には、東京都新宿区高田馬場に事務所を設立した。事務所は、公団の3LDKの賃貸住宅だった。一室（6畳）は事務局を担当した聴者の長谷部の居住空間とし、それ以外は学園の事務所として使った。家賃の一部は長谷部が払い、残りの部分は龍の子学園の参加費を集めたお金と機関紙『たつのこ通信』の購読料などで賄われた。

　2000年6月からは、学園とは別の活動として、手話による学習活動により一層重点をおいた「龍の子學び舎（漢字は原文通り、以後、「學び舎」）をオープンした。「學び舎」は週に1回程度で「乳児教室」と「幼児教室」を開いた。「學び舎」の開設について、長谷部は「月に1回だけでは足りないという親の要望と、もっと開きたいというろう者の要望が同時にあった」と述べた（2015年6月17日、はせべからの聞き取り）。平日に開催した「學び舎」は、その後、龍の子学園が学校法人にまで発展していくきっかけになる。2000年6月の「學び舎乳児教室」は3名のろう児からスタートしたが、2001年3月には15名になり、2002年には約20名に達するようになる。それは、幼児教室も同じであった。幼児教室のろう児は、ろう学校の交流日などを利用して幼児教室に通っていた。「乳児教室」を担当していた池田によると、「學び舎」の「乳児教室」と「幼児教室」は、使用言語が手話であることが異なるだけで、保育園や幼稚園と同様の活動を行っていた（2015年6月18日、いけだからの聞き取り）。

　「學び舎」の乳児教室は0歳〜2歳のろう児を対象にし、参加費は10時〜14時まで4000円であった。また幼児教室は幼稚部1年〜3年生を対象に10時〜15時まで5000円であった。そのほか、小低教室（2時間で2500円）、小高教室（2時間で2500円）、中学教室（2時間で3500円）は、要望がある時に不定期に開いた。個別相談は無料で、個別指導は2時間で4000円であった。月に一回の学園活動は、これまで通りに第四土曜日に開いたが、参加費をあげ、2001年には1回で2000円、2002年からは3000円にした。

　一方、龍の子学園に対する評判が口コミで広がり、約100名のろう児が集まり、2003年には定員制を設けることになった（幼稚部・小低部は、各々20名、小高部・中学部は15名）。

　2002年には「學び舎」の乳児教室の回数を増やし、隔週日曜日（月2回）

と毎週火曜日にも活動を行うようになった。「學び舎」の幼児教室を毎週2回（毎週火・木曜日）行うほか、小低部の小学教室も同年9月より月に3回、土曜日に実施されるようになった。幼児教室に通っている子どもは22名まで増加した（龍の子学園 2003a: 25）。

このように「學び舎」の規模が大きくなったのは、ろう児をもつ保護者の支持や要望があったからである。龍の子学園に通っている子どもは普通学校に通っている子どももいれば、ろう学校に通っている子どももいた。

日本の聴覚障害教育構想プロジェクト委員会によれば、聴覚障害児の普通学校在学数はろう学校在学数をこえていた。普通学校の聴覚障害児に対する受け入れ体制も改善され、小学校を中心にノートテイクなどの情報保障が行われるようになった。しかし、週に2時間から3時間という単位での情報保障である場合が多かった（日本の聴覚障害教育構想プロジェクト委員会 2005: 35-37）。また、1993年の「聴覚障害児のコミュニケーション手段に関する調査研究協力者会議」報告書でろう学校における手話の使用が一部に限って認められてから、2000年代には多くのろう学校で手話が使用されるようになった。たとえば、ろう学校教員の手話の使用状況を調べた我妻敏博（あがつま・としひろ）の調査によれば、半数以上の教員が手話を使用しているろう学校は、幼稚部の場合、1997年に22.5％、2002年に70.5％、2007年には86.3％を占めていた。しかし、「聴覚口話法が基本で手話は補助的に使用」や「音声と手話の併用」が約8割を占めており、「手話をコミュニケーションの中心的な手段」として位置づけているろう学校は1割以下であった（あがつま 2008b: 140-141）。また、我妻は「日本語対応手話の使用が圧倒的に多く、全聾学校のおよそ9割が対応手話を用いている」と述べている（同上：141）[4]。木村晴美（きむら・はるみ）は日本手話を「日本語とは異なる言語体系をもつ」ものと定義し、日本語対応手話を「日本手話の単語を借りて日本語の言語構造にあわせて表現するもの」と定義している（きむら・はるみ 2011: 16, 20）。四日市章（よっかいち・あきら）によれば、日本語対応手話は「対話者相互の日本語の知識が前提」となっている（よっかいち 2008: 34）。このような視点からみれば、多くのろう学校で手話が使用されてはいるものの、音声日本語が中心的な役割を果たしていることには変わりなかったとい

える。つまり、音声日本語を身につけていないろう児は、普通学校に行っても、ろう学校に行っても十分に学ぶことができないという問題は改善されていなかった。そのため、龍の子学園に対する保護者の信頼は深くなっていた。保護者は龍の子学園に出会ってから、日本手話がろう児にとってわかりやすい教育言語であることを徐々にわかるようになったからである。

　当初、龍の子学園は財政面や活動場所の確保の問題に直面していた。高田馬場の団地にあった事務所は、子どもが多く集まる場所として限界に達していた。スタッフと保護者たちは、安価な場所を探しまわった。保護者の一人である玉田さとみが、廃校の利用を提案した。東京23区の施設管理課に申し入れを続け、長谷部と保護者である岡本の交渉によって、2002年10月からは豊島区の廃校である千川小学校を利用するようになった（2015年6月17日、たまだからの聞き取り）。ただ、毎朝荷物を運び込み、夕方には荷物を運び出すという時間借りだった。そのような事情もあり、廃校の近くに事務所兼荷物置場として2DKの部屋を借り、活動の拠点とした（たまだ2011: 101）。

　一方、資金調達の問題は残っていた。その時、NPOの勉強会に出席していた玉田雅己（たまだ・まさみ）（玉田の夫）の提案で、NPO法人の設立を申請することになる。当時、スタッフは、一日500円のボランティアだった。事務局を担当したろう者の小野は、NPO設立について「500円というのもお弁当代という意味で交通費も含めて500円だった。ちゃんと給料を払えるようにしたいということで、玉田夫婦が作った」と述べた（2015年6月18日、おのからの聞き取り）。NPO法人の設立趣旨について『たつのこ通信』において、次のように説明されている。

> 　そこで私たちは日本におけるバイリンガル・バイカルチュラルろう教育の理論とカリキュラムの研究を行い実践を行う「特定非営利活動法人　バイリンガル・バイカルチュラルろう教育センター」を設立し、ろう者を日本手話という日本語とは異なる言語を話す言語少数者であると考え、ろう者がろう者としてろう者らしく生きていくことのできる社会、及び日本手話とろう者の文化が日本語や聴者の文化と同等に扱われ、尊重される社会の実現を目指します。

しかし、活動を実施する上で不動産など資産の保有や様々な契約の際に支障がでることも予想されるため、法人化は急務であります。ただし、この会は全ての役員がボランディアで参加しており、営利を目的とする団体ではないので、いわゆる会社法人は似つかわしくありません。また、一般市民とろう者（ろう児を含む）との交流を推進し、地域社会における聴者とろう者の平等な社会形成の増進を図るという観点から、特定非営利活動法人の設立が望ましいと考えました（龍の子学園 2003b: 15）。

　このように、NPO法人の設立は、龍の子学園の継続的かつ安定的な運営を求めていた保護者の要望や積極的な関与により進められ、2003年1月29日に東京都にNPO法人設立の申請が行われた。
　一方、2002年12月に、小泉内閣は規制緩和政策の一環として「構造改革特区」を発表した。その下に「教育特区」という制度ができ、株式会社立の学校やNPO法人立の学校設立が認められるようになった。このような動きを知った玉田雅己（たまだ・まさみ）が、龍の子学園に「手話と書記日本語によるバイリンガルろう教育」の特区の申請を提案した。特区の申請は、主に長谷部と玉田が中心になって行われていく。2003年1月に構造改革特区第二次提案に「手話と書記日本語によるバイリンガルろう教育」を申請した。結果は不可であったが、その後も、半年ごとに申請をしつづけた（たまだ 2011）。
　2003年5月27日にNPOの認可を受け、正式名称は「特定非営利活動法人バイリンガル・バイカルチュラルろう教育センター「龍の子学園」」となった。NPO法人となってからは労働条件についても時給が決まり、「學び舎」専任のスタッフは、時給800円、非常勤は時給710円を基準とし、交通費も支給するようになった。
　龍の子学園の活動とは別の活動として、2003年5月27日に、龍の子学園に通っているろう児とその親を含む全国のろう児とその親107人が、日本弁護士連合会に人権救済申立を行った。申立の概要は「日本手話で教育を受けたい」、「日本手話のできる先生を配置してほしい」というものであった（全国ろう児をもつ親の会編 2004: 296）[5]。さらに、龍の子学園の関係者や全国ろ

う児をもつ親の会のメンバーが執筆した『ぼくたちの言葉を奪わないで！──ろう児の人権宣言』（全国ろう児をもつ親の会編 2003）を出版した。出版は、人権救済申立をより多くの人に知ってもらうために、申立の同日とした。

　このように、龍の子学園にろう児を通わせていた保護者たちは、龍の子学園の活動を支援するだけでなく、聴覚口話法が中心になっているろう教育を変えていくための活動にも積極的に関与していく。なぜならフリースクールである龍の子学園は、卒業したとしても学歴としては認められず、参加費も負担しなければならなかったからである。ろう学校であれば、教育費は無償であった。また、当時の「學び舎」には幼稚部しかなかったので、小学校以降の進路に対する不安もあった。

　2004年4月に龍の子学園はNPO法人として組織を変え、これまでの「學び舎」を「龍の子学園」とし、月に一回の活動をしてきた「龍の子学園」を「龍の子学園のイベント」に名前を変更した。また、スタッフの名称も変え、龍の子学園常勤職員とイベントスタッフに変えた。「學び舎乳児教室」は、より拡大し、乳児教室は、月に2回、日曜日10〜14時と、毎週水曜日の13〜15時に開くことになった。さらに、「學び舎幼児教室」は、毎週4日になり、月〜木曜日10:00〜15:00に開催するようになった。

　これまで、「學び舎幼児教室」に通っていた子どもは、ろう学校に籍を置き、週1日から週3日、龍の子学園の「學び舎幼児教室」に通っていた。通っていることをろう学校には伝えていない保護者もいた。それは、龍の子学園は日本手話のみを強調する過激な集まりであるという周囲の偏ったまなざしがあったからである。長谷部によると保護者たちは、日本手話によるろう教育の実施をもとめ、ろう学校や教育委員会に要望活動をしていた。それのみならず、ろう教育の専門家が集まる研究大会にも積極的に参加し、自らの意見をアピールしていた[6]。このような保護者の活動もあり、「過激な集まり」という評判がひろがったという（2015年6月17日、はせべからの聞き取り）。しかし、ろう児を「學び舎」に週に何日も通わせている保護者はろう学校にずっと内緒にするわけにはいかなかった。そこで保護者たちは、ろう学校と龍の子学園の「學び舎」の両方に通うことを認めてくれるようろう学校に要望した。ろう学校は、龍の子学園への通学を出席としては認めなか

ったものの、龍の子学園とろう学校の両方に通うことは承認した。上農正剛（うえのう・せいごう）は、「減少している聾学校在籍幼児数がさらに減る（実質的には幼稚部の閉鎖につながりかねない）という苦しい事情があったものと予想される」と解釈している（うえのう 2003: 169）。毎週4日、「學び舎幼児教室」が実施されるようになり、多くの子どもは、4日間は龍の子学園の「學び舎幼児教室」に通い、残りの1日をろう学校に通うことになった。

一方、2004年、龍の子学園は新たな問題に直面するようになる。2004年4月に、「學び舎幼児教室」の第1期生が各種小学校に入学するようになったが、そのなかで不登校になる子どもが少なからずいたのであった。当時の状況について、小野は次のように述べた。

　　幼稚部に通っていた子たちがそこを出る歳になって、それぞれ小学校に行き始めました。でも龍の子で手話の環境になれていたのに、それとは違う新しい環境になって苦しくなった。親が学校と話をしたりもしたけれど、休みたいという子がたくさん出てきたんです（2015年6月18日、おのからの聞き取り）。

龍の子学園で、日本手話で教育を受けて育ったろう児にとって、進学したろう学校や普通学校は学習内容を十分に理解できる言語環境ではなかった。「学校に行きたくない」という子どもが出ている状況に直面した龍の子学園のスタッフと保護者は、さまざまな解決方法を模索するようになる。龍の子学園は、長年、不登校のためのフリースクールを運営してきた東京シューレの奥地圭子（おくち・けいこ）を招いて話を聞くことになった[7]。長谷部は「その時に、奥地さんが"堂々と不登校になりなさい。そんな行きたくない学校に行かせる必要はない"と話してくれた」と語った。その発言を聞いたスタッフと保護者は、勇気づけられ、2004年5月に「不登校になったろう児のためのフリースクール」をはじめることになる。そのため、手話による教育が受けられないろう児のために立ち上げた龍の子学園は、不登校になったろう児の受け皿としての役割も担うようになる。

「小学教室」は、2005年度からは名称を「小学クラス」とし、不登校の子

どもたちだけでなく、ろう学校に在籍している子どもたちも通えるよう放課後の授業時間を設定した。月、火、木、金曜日の9：30〜15：30にし、水曜日の16時〜18時までは、ろう学校に通っているろう児の放課後教室を開いた。2005年度の小学クラスの児童数は、22名になった（龍の子学園 2006: 16）。

　小学クラスに通っていたろう児たちは「幼い頃より日本手話の環境で過ごし、第一言語である日本手話の生活言語を身に付けていた」。それをもとに、「日本手話の語彙や文法を学び、学習言語を習得」させることを目的として、「手話」教科をもうけた。また、第二言語として日本語の読み書きを習得するため、「日本語」の時間を設定した（同上: 17）。また他の教科は、一般の小学校のカリキュラムと同様だったが、授業時間数は、小学校のカリキュラムに比べて少なかった。龍の子学園は、日本手話と日本語の読み書きによるバイリンガルろう教育の実現について、どのように考えていたのだろうか。たとえば、龍の子学園の竹内かおり（ろう者）は、龍の子学園のバイリンガルろう教育について、次のように述べている。

　　　バイリンガルは常に私たちと共にある。日本手話を第一言語として獲得しさえすれば、日本語で読んだり書いたりすることは簡単なことであり、当たり前のことである。聴者が音声日本語を話し、書記日本語で書くように、ろう者は日本手話で話し、書記日本語で書くだけなのである。ほんとうに簡単なことなのだ（たけうち 2003: 124）。

　このように、龍の子学園は、日本手話を第一言語として習得すれば、日本語の読み書きは「簡単に」身につくだろうと想定していた。しかし、実際には日本語の読み書きの成果はすぐには出なかった（2015年6月19日、たまだからの聞き取り）。むしろ、学習言語として日本手話を習得させることが当面の課題であった（3.1を参照）。また、日本手話を学習言語として習得したとしても、日本語の読み書きにつながるかどうかはわからなかった。たとえば、日本語教育を専門とする鈴木理子（すずき・りこ）と佐々木倫子（ささき・みちこ）は、「3次元のことばを第一言語とし、2次元のことばである書記日本

語を第二言語とするという、バイリンガル教育の中でも、周到なカリキュラム開発と実践が当事者に求められる教育であるにもかかわらず、あまりに準備不足の中での教育がなされているのが現状である」と指摘している（すずき、ささき 2012: 75）。龍の子学園の日本手話と日本語の読み書きによるバイリンガルろう教育の実践は、試行錯誤の連続であった（2015年6月17日、はせべからの聞き取り）。

一方、2005年2月には日本弁護士連合会が「手話教育の充実を求める意見書」を発表した。その4カ月後の同年6月には、これまで続けてきた「構造改革特区」の提案に対して内閣府から回答を受け、特別措置としての「ろう児に対する手話と書記日本語による教育」を実施してくれる自治体を探すことになった。

2006年10月には、廃校の公園化計画により、学園活動場所を聴児が通っている品川区立浅間台小学校の空き教室に移転した。平日の活動が増えることによって月に1回開いていた「龍の子学園のイベント」は廃止し、年に数回、学芸会、運動会、交流会などが開催される程度になった。

さらに、「東京都知事と語る会」に長谷部と玉田が出席し、「公立ろう学校における問題と教育特区」を陳情したのがきっかけになり、同年4月に東京都知事本局が龍の子学園を視察する。2007年1月に東京都が主体となって、特区の申請を行い、同年3月に特区認定を受けた。2007年2月からは、学校法人取得の準備のため「学校法人明晴学園」設立準備会を発足し、同年12月に学校法人・学校設立の認可を受けることになった。

2006年から2008年3月までは、これまでの通りに乳児クラスを週に1、2回、幼児クラスを毎週火〜金曜日まで、小学クラスを火〜金曜日まで行った。2008年4月に学校法人明晴学園の開校にともない、フリースクール「龍の子学園」の活動は終了した。

以上、1999年4月から2008年3月までの龍の子学園の流れについて述べた。以下では、龍の子学園がめざしたろう教育の意味合いや、龍の子学園が何を成し遂げてきたのかについて考察する。

3. 龍の子学園がめざしたろう教育のあり方

3.1. 龍の子学園の理念「人間教育を！」

　これまで、日本のろう教育は、可能な限り障害を克服することを教育目標としてきた。当時の学校教育法では、ろう学校の目的について「幼稚園、小学校、中学校又は高等学校に準ずる教育を施し、併せてその欠陥を補うために、必要な知識技能を授けることを目的」とすると明記されていた。2007年に特別支援教育の推進のために学校教育法が改正され、上記の内容は、「障害による学習上又は生活上の困難を克服し自立を図るために必要な知識機能を授けることを目的とする」に変わった[8]。ただ、学習上や生活上の困難の原因を障害によるものと認識している点は、変わっていない。

　一方、龍の子学園の設立理念は、「人間教育を！」であった。『1999年度龍の子学園実践発表会の実践発表資料集』において、「人間教育を！」を、「口話教育よりも人間教育を」と「バイリンガル・バイカルチャー教育の場」に分けて次のように説明している。

　まず、「口話教育よりも人間教育を」として次のように述べている。

　　　これまでのろう学校では、補聴器をつけ、口話訓練をし、聴者に近づくことが目標とされていました。聞こえないことはいけないことであり、音声語を獲得しなければ社会に入れないという、ろう児たちのありのままの姿を否定する教育だったのです。

　　　このような考え方のもとで、本来学校で学ぶべき知識や教養よりも、音声日本語の教育に重きが置かれてきました。その結果、学力の遅れ、文章力のなさ、コミュニケーションの問題などが起こり、逆に社会にうまく適応できない、自信を持てない子どもたちを生み出すことになってしまったのです。わたしたちは、聴者に近づける教育ではなく、ろう者としての誇りと自信に満ちた子どもに育てたい。なによりも人としての成長を大切にしたい、口話教育よりも人間教育の場でありたい。そう願っています（龍の子学園 2000: 1）。

また、「人間教育」を達成するために、「バイリンガル・バイカルチャー教育の場」を実践していくとして次のように述べている。

　　ろう者には手話という言語があります。英語やフランス語などと同じように、手話も1つの言語として確立されており、数学・科学・経済・哲学など、どんなことでも手話で話すことができるのです。そして、ろう児にとってもろう者にとっても、手話は最も分かりやすい言語です。私たちは、ろうの子どもたちがすべての子どもと同じように、自分たちの言葉で教育を受ける場を作りたいと願い、「龍の子学園」をスタートさせました。学園での共通言語は手話とし、手話を通して日本語を学びます。さらに豊かなろう文化を学ぶ、日本では初めてのバイリンガル・バイカルチャー教育の実践の場です（同上）。

　このように龍の子学園は、聴覚障害を否定的に捉えてきた従来のろう教育に問題意識をもっていた。龍の子学園は、「自分自身であることの証し」（きむら、いちだ［1996］2000: 12）としてのろうを肯定し、「ろう者を手話という言語を使用する言語的少数者」として捉えた、新たな教育の仕組みを作り出そうとした。それは、ろう者の手話やろう文化を基盤として、日本語の読み書きや聴文化を学ぶというバイリンガル・バイカルチュラルろう教育であった。

3.2. 共通言語としての日本手話
　龍の子学園が「人間教育！」を実践していくために何よりも強調したことが、日本手話による「共通言語の環境」であった。『2000年度龍の子学園実践発表資料』においては、次のように述べられている。

　　これまで小低部では人間教育を目的とし、実践を行ってきた。共通言語が確立された環境が、子どもたちの豊かな人間性を育むものだと実感する。子どもたちはそのような環境の中で安心して自分を表現するようになったといえるが、集団を前にすると、日本語に固着しがちであり、結果、個々の本来持っているであろう力を発揮出来ずにいる様子も見受けられる。そ

れが子どもたちのコミュニケーション能力を妨げたのではないかと危惧せざるを得ない（龍の子学園 2001: 8）。

　このように、手話による共通言語が確立された環境が、子どもたちの豊かな人間性を育てていく環境であると確信されていた。その際に、ろう児の日本語を苦手とする意識が、自由なコミュニケーションを妨げているのではないかと述べている。その理由は、聞こえないろう者が音声日本語を習得することは容易なことではないのはもちろん、音声日本語を話す際には、自分の発音が通じるかどうかに気が奪われてしまうからである。また、相手の口話を完全に読み取ることはできない。さらに、ろう者同士でのコミュニケーションができないという問題もあった。
　ただ、手話による共通言語の環境がすぐに整ったのではない。設立当初の状況について、池田は次のように述べている。

　　　いろんな子どもがきましたね。ろう学校の子どもたち、インテグレーションの子どもたち。条件が違うんですね。手話の環境がある子もない子もいました。やがて龍の子に通う子どもは固定化してきたのですが、新しい子が入ってくると、（それまでの落ち着いた）状況が変わったりしました（2015年6月18日、いけだからの聞き取り）。

　このように、龍の子学園を開園したとき集まったろう児は、自分たちが置かれている教育環境によって、使用しているコミュニケーションモードが違っていた。つまり、「口話教育ではなく、バイリンガルろう教育の場」という旗印をかかげたものの、最初からろう児の第一言語である手話を教育言語として使用し、日本語の読み書きを第二言語として教育するバイリンガル教育を実践していくことは困難であった。当時の状況について、竹内は、「龍の子学園開設後すぐにバイリンガルをはじめようと思ったが、当初は子どもの言語環境を整えるのが精一杯だったのもまた現実である」と述べている（たけうち 2003: 112）。
　そのような環境で、手話動画、手話劇、手話による絵本の読み聞かせなど

をしながら、手話の環境を整えていく。たとえば、池田は次のように述べた。

> たとえば「3匹のやぎのがらがらどん」という本がありますね。それを手話で読み聞かせして、その時にスタッフがそれを演じてみせます。先に見せてからその次に子どもとスタッフが一緒に劇遊びをしたり、そのなかで子どもは自然に手話を使うようになるんですね（2015年6月18日、いけだからの聞き取り）。

このような活動のなかで、龍の子学園に集まったろう児は、少しずつ手話を身につけていくようになったという。池田は、ろう学校に通っているろう児のコードスイッチングの問題という課題もあったと次のように述べている。

> ろう学校の子どもはいざ舞台にあがるとコードスイッチングして対応手話に切り替わったりしますよね。それが当然のようなものになってしまっている。そうじゃなくて、ろう者に合った表現方法、劇のありかたをもとめていく。コードスイッチングしているものをとっぱらってもらって。そのためにはどうしたらいいのか（2015年6月18日、いけだからの聞き取り）。

池田がいう「ろう者に合った表現方法」とは、ろう者が日常生活で使用している日本手話を指す。コードスイッチングとは、日常生活では日本手話を使用していても、ある場面においては日本語対応手話にコードを切り替えることを指す。ろう学校の授業中に用いられている手話は日本手話でなく、日本語対応手話である場合が多い。また、日本手話の読み取りができない聴者の教師の前でろう児が発言する時には教師にわかるように声をだしながら、日本語対応手話を使用することが、ろう学校の暗黙のルールになっている。その意味で、コードスイッチングは「自然」な現象でもある。それでは、なぜ、龍の子学園はろう児のコードスイッチング現象を改善すべき問題としてとりあげていたのか。これについて小学部を担当した赤堀らは次のように述べている。

我々は以下の２つの点において、ろう児のコードスイッチングを否定的に捉えている。まず第一は、それが聞き手のろう児（あるいは成人ろう者）に伝わりにくいコードであるという点、そして第二に、コードスイッチング時は表現力や内容面など諸々の場において日本手話での発話時に比べて劣るという点である。（略）日本語話者や日本語対応手話話者とのコミュニケーションにおいてはコードスイッチングは有効であると評価されるかもしれないが、日本手話を第一言語とするろう者同士の場にそれを持ち込まれる事は好ましくないと結論付けることができる（龍の子学園 2003a: 38）。

　このように龍の子学園は、これまでのような聴者に合わせるためのコミュニケーションではなく、ろう者同士で話し合えるコミュニケーションの方により重点をおいていたことがわかる。つまり、龍の子学園は、ろう者同士で支障なく話し合える共通言語の空間をつくりあげようとしていた。

3.3. 既存のろう教育を変えるための活動

　龍の子学園の活動のもう一つの特徴は、龍の子学園の実践を積極的に発信してきたことである。たとえば、設立当時から、月に1回、機関紙の『たつのこ通信』[9]を刊行していた。『たつのこ通信』は、龍の子学園の活動の紹介だけでなく、ろう教育やろう文化などに関するコラムなどを掲載していた。『たつのこ通信』は、制作、印刷、そして郵送まで、事務局のスタッフが無報酬で担当していた。『たつのこ通信』を刊行した理由について編集を担当していた長谷部は次のように述べた。

　　やるからには世の中に発信していかないと。フリースクールってあの当時いっぱいあったけど（略）ろうの子が日本手話で育つためのフリースクールというのはなにをやっているのか、発信しないといけないというのは絶対あったから（2015年6月17日、はせべからの聞き取り）。

　当時、全国にはろう児のためのデフ・フリースクールを含め、さまざまな

形のフリースクールが設立され、活発な活動をしていた。1999年2月に設立されたスマイルフリースクールというろう児のためのフリースクールをはじめ、全国にいくつかのデフ・フリースクールがあった[10]。龍の子学園は、日本手話による教育を強調することで、ほかのフリースクールとの違いをしめそうとした。設立1年後には、『たつのこ通信』だけでなく、1年間の活動をまとめ、「実践報告発表会」を開催し、「報告集」を刊行した。そのような活動について、長谷部は次のように述べた。

> 私たちがやっているのは単なる子どもが遊びに来るところじゃない、私たちの最初の目標はろう教育が変わることだから、ろう教育を変えるために一つの実践する場であったから、必ずこれをやると（2015年6月17日、はせべからの聞き取り）。

2003年5月の人権救済申立が、日本手話によるろう教育の必要性を社会にうったえるための活動であれば、龍の子学園の活動は、日本手話による教育をみずから実践して、証明していく場であった。

実践発表会は、NPO法人の取得後である2003年からは、「バイリンガル・バイカルチュラルろう教育研究大会」に名前を変え、現在まで続いている。このような、記録を残し、発信していく活動は、後に学校法人を申請する際にバイリンガルろう教育を実施する研究開発校としての証拠として採用されたという（2015年6月17日、はせべからの聞き取り）。

4.「聴者がろう児に教える」から「ろう者がろう児に教える」へ

龍の子学園のろう者と聴者の役割について考察するまえに、まずスタッフの概要について述べる。龍の子学園のスタッフは、事務局スタッフ、専任スタッフ、当日スタッフに分かれていた。事務局スタッフは、会場の予約、受付、会計、機関紙である『たつのこ通信』の発送や学園での活動を両方、担当していた。専任スタッフは、学園でのろう児の指導を担当していた。当日スタッフは、他の活動には参与せず、当日の学園活動のみに参加し

た。NPO 法人になってからは、当日スタッフをなくし、専任スタッフと學び舎職員とした。

　龍の子学園には、日本手話話者だけでなく、さまざまな属性や経験をもつ人が参加していた。ろう者のなかには、普通学校に通い大学に入ってから手話に出会った人もいた。ろう者のうち、5〜6人はデフファミリーの出身だった。ろう者の親をもつ聞こえる聴者であるコーダ（Coda, Children of Deaf Adults）もひとり参加していた。コーダの手話能力は、環境によって異なるが（しぶや 2009）、彼女は、日本手話と日本語のバイリンガルだった。聴者の多くは、国立身体障害者リハビリテーションセンター（以下、国リハ）の手話通訳学科の卒業生だった。国リハ出身の聴者は、1995 年に『現代思想』に発表した木村晴美と市田泰弘の「ろう文化宣言」の影響を受けていた。木村（きむら）と市田（いちだ）は、国リハの手話通訳学科の教員だった。龍の子学園に参加していたスタッフには手話能力の差があったものの、活動のなかで手話を学んでいた。また、すべての活動において手話が使用されていた。国リハ出身の聴者の A は、「（ろう者に）口話で話したりすることは一切なかった。手話の空間みたいのがあったんですね。この人達はろうだから、この子どもたちはろうだからって」と語った（2015 年 6 月 16 日、A からの聞き取り）。

4.1. ろう者と聴者の役割分担

　龍の子学園の活動では、ろう者だけでなく聴者も積極的に参加していた。しかし、今回インタビューした聴者 3 人は、「何もしてなかった、大したことしてない」と異口同音に語った。その理由について A は「まだ、手話ができなかった」と話した。話が進む中で、長谷部は、自ら担当したことについて次のように語った。

> お母さんたちの質問を受けたりもしました。最初は何でろうの大人たちは補聴器をつけてないのか、ろう学校の先生に寝ている時以外は補聴器をつけろといわれていたのに、大人のろう者は補聴器をつけなくてどうやって生活をしているんだとか。そういう質問を聞いたりするのが私の役割だった。1 回、2 回来たら子どもがすごく変わっていきいきしているので、

是非この活動をつづけたいので、親の会を作りたいとお母さんたちが言ってくださって、親の会ができて、デフファミリーもいたけど、聞こえるお母さんが多かったので、その時に通訳をしたり、通訳を頼んだりとかをやったりして、新しいお母さんたちが来たら聞こえる親には一から話さないといけなかったので（2015年6月17日、はせべからの聞き取り）。

　このような聴者の役割について、ろう者の池田は、「聴者は親とのパイプ役、手話通訳もできるので、それは聴者がやっていく。聴者は影からろう者をサポートする役割をしました」と説明した（2015年6月18日、いけだからの聞き取り）。また、ろう者の小野は、「当日の進行などはろうが中心だった」、「私は手話で話を進めて、その話を黒板に書いてもらったりしていました」と述べた（2015年6月18日、おのからの聞き取り）。

　金澤は、これまでのろう教育について「これまで暗黙のうちに想定されてきた前提――それは、『聴者が聾児に教える』という関係性である。だからこそ、聾者の役割は限定的にしか与えられていなかった」と指摘している（かなざわ 2001: 19）。金澤は、その前提に「『日本語をどうやって聾児に習得させるか』という言語指導の部分こそが聾教育の最重要課題」であったと主張している（同上：18）。龍の子学園はこれまでのろう教育において大前提であった、日本語を優先する仕組みから脱却し、日本手話を教育言語とする教育の仕組みを作りだした。そのため、「聴者がろう児に教える」教育の取り組みから、「ろう者がろう児に教える」ろう教育への転換を図っていった。その仕組みは、ろう者だけでなく、聴者の支援により、より一層円滑に動いていた。また、「ろう者がろう児に教える」ということは、聴覚障害の有無よりは、手話能力が一つの基準でもあった。たとえば、小野は「コーダのBさんにはろう者と同じようにやればいいじゃないかと言ったが、Bは『私は聴者だから』といって遠慮した」と語った。これは、ろう者と聴者の役割分担が、意識的に行われた部分もあったからである。当時の活動について、Bは次のように語った。

　　聞こえる人は基本的には輪の中心にいないでろうの人があくまでも中心

にいて、外から見守るように言われたんです。確かに、あくまでも意見を出すことがなく、聞く、ろう者がやりたいことが壊れちゃうかもしれないから。こうした方がいいんじゃないかと思っても、どこで口を出したらいいのかわからなくて、その線引きがやっぱり難しいとは思ったんですけどね（2015 年 6 月 17 日、Bからの聞き取り）。

このように、「聴者はできるだけ、前に立たないようにする」といっても、場合によってはその線引きが困難なこともあった。しかし、龍の子学園に参加した聴者は、できるだけ「ろう者が中心になる教育空間」を尊重しようとしてきた。これと関連して、Aは次のように述べた。

ろう中心ですよ。そうあるべきだとみんな思ってたし、当たり前の感じでした。国リハでは「聴者がろう児を教えるとは何事ぞ」という教えがあるんですよ。基本、聴者はひかえめにというのは染み付いてはいたと思います。龍の子時代は（2015 年 6 月 16 日、Aからの聞き取り）。

木村と市田は、「ろう文化宣言」において、「生徒同士の手話の会話を理解することもできない」、「生徒の使う手話は『でたらめ』だと信じて疑わず、「正しい手話＝シムコム」を教える必要があると考えている」と聴者の教員の手話認識を批判している（きむら、いちだ [1996] 2000: 11）。この問題意識は、金澤も主張したように「聾者の日常的な世界にほとんど接したことがない聴者によって、これまでの聾教育は築かれてきた」ことへの批判でもある（かなざわ 2001: 14）。つまり、龍の子学園における「ろう者がろう児に教える」取り組みは、「聴者がろう児に教える」ろう教育への問題意識をろう者と共に分かち合っていた聴者によって支えられた側面を持っていた。だからといって聴者の仕事が少なかったわけではない。聴者は、キャンプをする際には、電話での会場予約やバスの貸し切り、宿泊先の人とろうのスタッフの間の通訳だけでなく、実践報告書など資料を制作する際にも関与していた。これについて、Aは次のように語った。

実践報告会資料集の原稿を書く時には何をやろうかと話し合って、最初は、ろう者が書いた日本語を、ちゃんとしたのに直すというのがまさに聴者の役割、もともと書いてあるのは別にそんなに間違ってないし、あきらかな助詞とかの間違いは少ししかないんだけど、研究収録に載せるにはどうかというのがあって、その文章を生かしつつ直すのは、すごくたいへん。（略）毎年、実践発表会の時期はすごく辛かった（2015年6月16日、Aからの聞き取り）。

　このように、龍の子学園は、手話で教える活動はろう者が中心で、その以外の活動においては聴者が担当した。ただ、わずかではあったが手話で教えていた聴者もいた（おの、はせべからの聞き取り）。つまり、龍の子学園は、ろう者だけでもなく、聴者だけでもなく、お互いできることを尊重しあう空間でもあった。

4.2. ろう者がろう児に教える

　これまで述べてきたように龍の子学園における教育活動は、主にろう者によって行われた。ただ、ろう者の多くは教えた経験がそれほどなかった。小野は次のように述べている。

　今だったら、教科書もあるし、教材もあるし、いろんな情報があるんですよね。その時はフリースクールだったので、情報といえば本屋さんだけ、でもそれも私が教えるのにちょうどいい本というのがあるわけないから、経験者もいなんですね。どうすればいいのかわからなくて、本当に真っ白の状態からはじめました。（略）とにかく自転車操業という感じ。今日は何とか終わった。じゃあ、明日はどうするという手探り状態で教えていました。でもその時にとにかく気をつけていたのは、手話の環境を整えるんだという。手話で話をして、子どもたち同士で手話で話して、それが楽しいと思える環境を作るんだということを考えていました（2015年6月18日、おのからの聞き取り）。

このような事情は他のろう者も同様だった。デフファミリー出身のろう者、赤堀は次のように語っている。

> 設立のころはまだ私もよく知らなかった。大学も卒業してなかったし、当時は教員免許もまだ取ってなかったし、経験もないし、本当にただの素人だったので、ろう学校を卒業しただけだったんですね。アメリカのギャローデット大学がありますよね。そこにちょっと行った経験がある。ASL（American Sign Language）を学んで、第二言語を学んだという経験は自分であったので、ASLを学んだ時に自分がわからなかったりした経験がありますよね。ろうの子どもも似たような状況にあるだろうかと、どのようにすればわかりやすいだろうかとその経験が自分にあったので、その経験を活かして教えて、その後にやっぱり教員免許が必要だなと思って大学の通信教育で学ぶようになりました（2015年6月18日、あかほりからの聞き取り）。

龍の子学園での教育は、学歴や教員免許の有無に関係なく、子どもたちにわかりやすく手話で教えることができる力のあるろう者によって行われていた[11]。そして、その取り組みは、ろう学校の教員にも影響が及んでいた。たとえば、龍の子学園は、夏季や冬季に、「ろう学校の聴者の教員のための講座」を開設していた。長谷部は、「口話教育について疑問を持っていても、それを口には出せない。そういう方のほとんどが『たつのこ通信』を買うんですよ。そして、先生の講座にも来てくれる」と語った（2015年6月17日、はせべからの聞き取り）。「ろう学校の聴者の教員のための講座」は「龍の子学園の実践紹介」、「手話での絵本の読み聞かせ」、「なぜ、ろう児の手話が読みとれないのか？」、「聴者の模擬授業の評価」などで構成されていた。その講座に来た聴者の教員は、ろう者の前で、模擬授業をし、ろう者のアドバイスを受けた。龍の子学園のろう者が制作した絵本の手話ビデオを購入し、ろう学校での授業で使用した。また、龍の子学園は、広島県立ろう学校呉分校と国語教材の日本手話翻訳ビデオの共同研究を行った（あべ 2002）。このような動きの影響で、ろう学校の授業で日本手話による手話画像を活用し、そ

の効果を検証する研究も増えていた（とりごえ 2003、もりい 2004）。

　このように龍の子学園の実践は、周辺のろう学校にも影響を与えていたのである。

5．おわりに

　2000 年代に入ってから手話を使用するろう学校は増えたものの、ほとんどのろう学校で使用されている手話は日本語対応手話であり、ろう学校に勤務している教師の多くは聴者だった。音声日本語が教育の中心になっていることには変わりなかった。

　龍の子学園は、日本手話を身につけたろう者が中心となり、わかりやすく手話で教えることを実践する場であった。このような活動は、普通学校でも、ろう学校でも十分に学ぶことができないことに不安を感じていたろう児をもつ保護者の支持を得て発展していった。龍の子学園は、不登校になったろう児が安心して過ごせる居場所でもあった。また、「手話の空間である」ことに賛同し、積極的に手話を学んだ聴者に支えられた空間でもあった。龍の子学園に参加していた聴者は、これまでの「聴者が中心になっているろう教育」の仕組みを変えるために、できるだけ前に立たないようにしながら龍の子学園に参与してきた。つまり、龍の子学園は、公立ろう学校が成し遂げることができない部分を補うオルタナティブな空間であったといえる。

　このような取り組みが行われたのは、龍の子学園が、ろう者を「手話という言語を使用する言語的少数者」として捉え、「ろうであることを否定しない教育の仕組み」を作ろうとしていたからである。これは、聞こえないという障害による言語問題の解決を至上命題としてきた従来のろう教育の枠組みから脱却し、少数者であるろう者と多数派である聴者との関わりのありかたに一石を投じた新たな取り組みだったといえる。だからこそ、龍の子学園のなかでは、これまでのろう教育ではそれほど注目されてこなかったろう者同士のコミュニケーションの重要性が認識されており、龍の子学園にかかわっていた聴者は常に言語的少数者としてのろう者の社会的位置を意識し、ろう者の前では口話ではなく手話で話していた。

このようなフリースクール龍の子学園の活動は、学校法人明晴学園になってからはどのように変化したのだろうか、明晴学園がじっさいにどのようにバイリンガルろう教育に取り組んできたかについては、第4章で述べる。

[注]
1 龍の子学園の活動を調べるために、『たつのこ通信』(1999年4月創刊号〜2004年3月60号)、『実践研究発表会資料集』(2000年〜2002年)、『バイリンガル・バイカルチュラルろう教育研究大会予稿集』(2003年〜2007年) などの一次資料の提供を受けた。
2 聞き取りしたのは、ろう者の小野広祐(おの・こうすけ)氏、池田亜希子(いけだ・あきこ)氏、赤堀仁美(あかほり・ひとみ)氏、聴者の長谷部倫子(はせべ・ともこ)氏、A氏、コーダのB氏である(以後、敬称略)。ろう者の3人は、龍の子学園の「學び舎」でろう児の教育を担当した人物である。小野と池田はNPO法人になってからは常勤職員としても働いた人物である。長谷部は、事務局を経て、NPO法人の常勤職員として働いた人物である。AとBは、龍の子学園の専任スタッフだった人物である。Bは、龍の子学園に参加していた唯一のコーダスタッフでもあった。ろう者への聞き取りは通訳会社に手話通訳を依頼した。調査は、2015年6月15日から6月19日まで実施した。
3 龍の子学園という名前は、「耳がないといわれている伝説の動物である龍の頼もしいイメージを考え、ろう児たちも、聞こえないことがマイナスイメージにならず、龍のように雄々しく育ってほしいという願いから名づけた」(龍の子学園 2000: 1)。
4 ろう学校教員の日本手話能力については金澤(かなざわ)(2001: 35-36)、中島(なかしま)(2013) が詳しい。
5 全国ろう児をもつ親の会は、「ろう学校における教育言語として日本手話を認知・承認すること」をもとめ、2000年8月に設立された。全国ろう児をもつ親の会は、2002年10月5日に、「ろう児の人権宣言」を発表した(全国ろう児をもつ親の会編 2003: 4)。
6 たとえば、全国ろう児をもつ親の会のメンバーは、2003年に神奈川で開催された第37回全日本聾教育研究大会の最寄り駅で、日本手話による教育を求める署名活動を行った。この活動は、2004年1月に放映されたTBS報道特集「赤ちゃんが手話で話した！」に取り上げられている。
7 東京シューレについては、奥地(おくち)(1991) が詳しい。
8 学校教育法、特別支援教育関係主要部分抜粋 (2007年4月1日施行時のもの) http://www.mext.go.jp/a_menu/shotou/tokubetu/material/021/020.htm
9 『たつのこ通信』は、1999年4月に創刊号が刊行され、2004年3月60号を最後に廃刊された。廃刊された理由は、主に編集を担当していた長谷部が特区の申請のことで、手が回らなくなったからである(2015年6月17日、はせべからの聞き取り)。
10 「聞こえない子を持つ親のページ」に全国デフ・フリースクールのリンクが紹介されている。http://www.d-b.ne.jp/d-angels/sub8.html
11 ろう学校卒業生の大学への進学率は一般の学生に比して低い。その原因の一つは、ろう学校における学力低下の問題があげられる。これについては、岡(おか)(2014) が詳しい。

第 4 章

学校法人「明晴学園」の設立とその特色

1. はじめに

　フリースクール「龍の子学園」は、2008 年に学校法人「明晴学園」になった。本章では、明晴学園の設立経緯や教育特徴について述べる[1]。明晴学園は、現在、日本手話と日本語の読み書きによる二言語教育を実践している。明晴学園は日本における言語教育のなかで図 1 のような位置におかれている。
　学校法人「明晴学園」は、図 1 の d の「ろう児のための手話イマージョン教育」に該当する。中島和子（なかじま・かずこ）によると「イマージョンというのは、"immerse" という動詞から来たことばで、『そのことばの環境にトータルにひたる』という意味である」（なかじま 2016: 96）。つまり、明晴学園は、聞こえない・聞こえにくい子どもの日本手話の習得を目的とし、

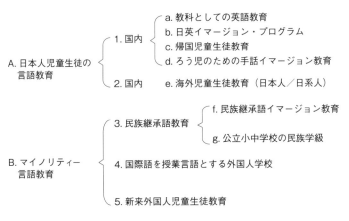

図 1　日本における年少者対象の言語教育の現状
出所：なかじま編著（2010: 138）

すべての教育活動において日本手話の習得環境を提供している。

　明晴学園の特色について触れている先行研究としては、関係者によるものと、ろう教育専門家や教育人類学者によるものに分かれている。関係者によるものとして、岡典栄（おか・のりえ）(2011)、榧陽子（かや・ようこ）(2012)、斉藤道雄（さいとう・みちお）(2016) がある。それらの研究は、明晴学園がめざしている日本手話と日本語の読み書きによるバイリンガルろう教育の特徴について詳細に記述している。阿部敬信（あべ・たかのぶ）(2013) は、日本手話による教室談話を分析し、日本手話を教育言語とするろう教育の戦略を明らかにしたものである。ハヤシ・アキコ（Hayashi Akiko）とトービン・ジョセフ（Tobin Joseph）は、比較人類学の視点から、聞こえる子どもを対象とした幼稚部教育と明晴学園の幼稚部教育、公立ろう学校の幼稚部と明晴学園の幼稚部の取り組みを取り上げたものである。明晴学園の幼稚部における教育アプローチは、聞こえる子どもを対象とした幼稚園教育と共通点が多いという。とくに、明示的教育ではなく、暗示的教育（Implicit pedagogical practices）の性格をもっており、ろう児の自発性を「見守る」ことが特徴であると述べている（Hayashi and Tobin 2014）。また、広津侑実子（ひろつ・ゆみこ）ほか（2014）が、明晴学園の早期教育の特徴について考察したものがある。本章では、日本の音声言語における少数言語教育との比較を念頭におきながら、明晴学園の設立経緯やその特徴について述べる。

2. 学校法人「明晴学園」の開校経緯

　ここでは、フリースクールであった龍の子学園が学校法人として明晴学園を設立するようになった経緯について述べる。

2.1. 構造改革特別区域の教育特区

　明晴学園は、「2007年3月30日付け構造改革特別区域計画『手話と書記日本語によるバイリンガルろう教育特区』の第13回認定を受け、2008年4月にバイリンガルろう教育を実践するろう学校として開校した」（学校法人明晴学園 2014: 6）。以下では、日本の学校における少数言語教育の法的位置

づけを念頭におきながら、明晴学園の設立経緯について述べる。まず、学校設立の追い風となった「構造改革特別区域の教育特区」がどのような制度なのかについて概観する。

　2002 年 12 月に、小泉内閣は「構造改革特別区域（略称：構造改革特区）」を発表した。2002 年 12 月 18 日に構造改革特別区域法が制定された。構造改革特別区域法は、期限つきの法律であり、2007 年 3 月 31 日に特区の申請は終了した。同法の目的は、第一条によると「規制の特例措置の適用を受けた地方公共団体が特定の事業を実施し、教育、物流、研究開発、農業、社会福祉その他の分野における経済社会の構造改革を推進するとともに地域の活性化を図」ることである。構造改革特別区域法にもとづいた構造改革特別区域のうち、教育にかんするものが「教育特区」と呼ばれる。これまでは、学校教育法にもとづいて、学校の設立は国、地方公共団体、私立学校（学校法人）のみに認められていた。構造改革特別区域法における「学校教育法の特例」において、学校法人の条件としての校地・校舎の自己所有要件が撤廃された。また、株式会社、特定非営利活動法人（NPO）も学校設立が可能となった。たとえば、不登校のためのフリースクールを運営してきた「東京シューレ」は、構造改革特区を利用して、2007 年 4 月に学校法人「東京シューレ葛飾中学校」を開校した（やすい 2009）[2]。

　「教育特区」で設立された学校は、学校教育法の第一条で定められた「学校」として、「学校」と同等の法的措置が適用される。学校教育法の第一条によると「学校とは、幼稚園、小学校、中学校、義務教育学校、高等学校、中等教育学校、特別支援学校、大学及び高等専門学校」をいう。通常「一条校」と呼ばれる。学校教育法では、一条校（学校）、専修学校、各種学校の三つに学校の法的位置づけは分けられている。専修学校は、主に職業人を育成するための実践を重視する学校である。朴三石（ぱく・さむそく）によると、少数言語による教育を行う多くの「外国人学校」は各種学校であるという（ぱく 2008: 191）。一条校は、学校教育法の「学校」に適応される関係法令が適応される。朴は、「一条校を卒業すると上級学校の受験資格が無条件に与えられる」反面、各種学校である「外国人学校」は「進学において無条件には上級校への受験資格が得られない」、「公的補助などの処遇においても

一条校と大きな隔たりがある」と指摘している（ぱく 2008: 191-192）。つまり、「教育特区」を利用して「学校」として開校できた明晴学園は、法的位置づけの面においては、たとえば各種学校である朝鮮学校、中華学校、ブラジル学校などとは異なる性格をもっている[3]。

次に教育特区になった経緯について、簡単に述べる[4]。2003年1月にフリースクール龍の子学園は、構造改革特区制度を活用するための取り組みをはじめた。構造改革特区は、内閣官房が、規制改革の要望をとりまとめ、規制の所管省庁と調整する「規制改革の提案」制度をもうけていた。その提案は、地方公共団体に限らず、民間事業者、NPO法人、個人、業界団体なども直接規制改革の提案ができる制度であった（内閣官房構造改革特区推進室 2003）。2003年5月に、バイリンガル・バイカルチュラルろう教育センターがNPO法人の認可を受ける。龍の子学園やバイリンガル・バイカルチュラルろう教育センターは、2003年に構造改革特区第2次提案に「ろう児への手話教育」を提出する。その後、構造改革特区という制度を活用して学校法人を設立するために、6次提案まで行った。2005年に最終的に提案が通り、特区を実施する自治体を探すことになった。東京都に陳情を続け、2007年1月19日に東京都が「手話と書記日本語によるバイリンガルろう教育特区」の申請を発表した。1月25日に、東京都は内閣府に「バイリンガルろう教育特区」申請書を提出し、同年3月に特区認定を受けた[5]。

2.2. ろう児の人権救済申立

2003年5月27日に、全国のろう児とその保護者107人によって、日本弁護士連合会にたいして「人権救済申立」が行われた。「ろう児の人権救済申立」において、中心的な役割を果たしたのは、龍の子学園のろう児や保護者であった。申立の趣旨は以下のとおりである。

1　文部科学省は、ろう学校において日本手話による教育を受けることができないことによって、教育を受ける権利及び学習権（憲法二六条）並びに平等権（憲法一四条）を侵害されている申立人らを救済するため、日本手話をろう学校における教育使用言語として認知・承認し、

ろう学校において日本手話による授業を行う。
　2　文部科学省は、ろう学校において日本手話による授業を実施するため、
　　①各ろう学校に、日本手話を理解し、使用できる者を適切に配置し、そ
　　　うでない教職員については、日本手話を理解し、使用できるようにす
　　　るための定期的・継続的な日本手話研修を行うものとする。
　　②各大学のろう学校教員養成課程に、日本手話の実技科目及び理論科目
　　　を設置し、ろう学校教員希望者は日本手話の実技科目及び理論科目
　　　を履修しなければならないこととする（全国ろう児をもつ親の会編
　　　2004: 296）。

　申立書の提出後、東京地方・高等裁判所内司法記者クラブにてろう児とその親による記者会見が行われた。会見の様子は報道各社によって全国に伝えられた。玉田さとみによると「全国各地で人権救済申立に賛同する署名運動が行われ、最終的に6万人を超える署名が集まった」という（たまだ 2012: 60）。ろう学校が日本手話を否定してきた問題は、これまで聞こえる世界ではあまり知られていなかったが、これを契機に社会的注目が集まるようになった。

　この人権救済申立に対して、聴覚障害者の当事者団体である全日本ろうあ連盟は、2003年10月17日に「『日本手話』によるろう教育を求める『人権救済申立』に対する見解」を発表した（わきなか 2009: 57）。ろうあ連盟は人権救済申立に対して「手話はろう児の言語発達に欠かせない言葉」であること、「ろう学校への手話の導入」の必要性については賛同した。しかし、「日本手話」と「日本語対応手話」を二分することに異見を示した。その後、連盟本部がある京都で「全日本ろうあ連盟の『見解』を支持する会」が組織され、全日本ろうあ連盟の「見解」に賛同する署名を集めた（わきなか 2009: 57-60）。

　最大の当事者組織であるろうあ連盟の見解と署名活動を受けて、日弁連は「手話教育の充実を求める意見書」を公表した。ろう児の人権救済申立の目的は、文部科学省に対して、日本手話による教育を受ける権利が十分に保証されていない現状の是正をもとめる勧告を出すことであった。小嶋勇（こ

じま・いさむ）をはじめとする申立代理人弁護士は、事件調査委員会に「『これだけ明らかな人権侵害事実がありながら、なぜ勧告を出すことができないのか』と質問した」という（こじま 2006: 154-155）。小嶋は、事件調査委員会から「『事件委員会としては、手話のうち、日本手話が独自の存在であるという事実について一致した意見を得ることができなかったため、勧告を出すことはできないと判断した』との説明がなされた」と当時の状況について述べている（こじま 2006: 155）。小嶋は「申立書と意見書の最大の相違点は、申立書の根幹である『日本手話』という概念を意見書は採用せず、すべて『手話』という概念で統一してしまったことである」と述べている（こじま 2006: 171-2）。木村護郎クリストフは、日弁連が「日本手話への特化を採用しなかった理由」について「ろうあ連盟の危惧に代表されるようなさまざまな手話形態を用いるろう者／聴覚障害者の多様性を考慮したものと考えられる」と解釈している（きむら 2010: 11）。人権救済申立は、日本の社会に日本手話によるろう教育の必要性を広く知らしめ、学校法人としての明晴学園の設立の原動力につながった。

2.3. 学校設立に必要な資金を確保するための保護者の募金活動

2007 年 1 月に、学校法人発起人会・学校法人設立準備委員会が発足された。一条校として出発することになった明晴学園は、私学助成金という公的補助金の適応対象になった。ただ、学校を設立するためには、1 年間運営できる

表3 学校設立に必要な資金を集めるための保護者の活動内容

活動	件数	内容
ポスティング	6000 部	寄付募集チラシを各家庭のポストに配布
手書きの手紙	2500 部	1 枚ずつ手書きで寄付のお願いの手紙を作成
企業 DM	100 社	企業に団体紹介と寄付のお願いを郵送
企業訪問	30 社	大手企業の社会貢献部と面談
メディア	18 件	テレビ、新聞、ラジオ、雑誌等の取材・出演
街頭募金	8 ヶ所	全国 8 ヶ所で街頭募金を展開
イベント	15 ヶ所	イベント、研究会への参加および発表

出所：たまだ（2007: 16）（引用者により一部の表現を修正）

経常費、設備費などを用意する必要があった。保護者が中心になり、幼稚部と小学部の学校設立に必要な資金を確保するために、目標額 4500 万円を目指して寄付金活動が開始された。そのために、街頭募金・ポスティング・企業へのダイレクトメール（DM）／訪問・各種イベント参加・各種講演会参加・マスコミ対策・社会起業家対策などさまざまな活動を行い、資金を集めた。

玉田によると、短い時間で目標金額をうわまわることができたという（たまだ 2007）。2009 年 1 月から中学部の設立に必要な学校運営費を集めるための活動をはじめ、2010 年に中学部を開設することができた。

2.4. 校地・校舎／教育課程／教員の確保
①校地・校舎

東京都と品川区が相談し、児童数の減少により統廃合が決まった品川区八潮団地にある旧八潮北小学校の校地・校舎を東京都の教育特区として利用することになった。現校長の榧陽子（ろう者）によると、使用料として年 1400 万円を品川区に支払っているという（2016 年 3 月 22 日、かやからの聞き取り）。

②教育カリキュラム

教育カリキュラムは、龍の子学園のこれまでの活動や実績にもとづいて、ろう者と聴者が話し合いながら作成した。特区として、品川区教育委員会、東京都教育庁、文部科学省とも調節した。カリキュラム作成に必要な費用は、三菱財団社会福祉事業・研究助成など外部からの資金を利用した。

③教員免許

フリースクールであった龍の子学園の時代では、教育にたずさわる条件として教員免許は必須ではなかった。学校設立の準備に深くかかわった長谷部倫子（はせべ・ともこ）（聴者）によると、学校法人として認可を得るためには、幼稚部と小学部のクラスごとに教員免許をもった教員が必要であったという。設立当時、教員免許をもっている者は 5 名だった（聴者 4 名、ろう者 1 名）。設立直後に、ろう者の 3 名が免許を習得したという（2015 年 6 月 17 日、はせべからの聞き取り）。

雑誌『いくおーる』掲載のインタビュー（対談及び文責：松田一志［まつだ・かずし］）において、初代理事長になった米内山明宏は、「明晴学園の教

員として一番必要な条件は何でしょうか？」と質問され、「教員の条件としては日本手話が堪能であること、日本語の力を備えていることです」と答えている。また、「ろう者か聴者にはこだわらないのですか」という質問に対しては、「条件を備えていればどちらでもかまいません。日本手話の力が足りない場合は、勉強していただくことになります。また、出身学校もこだわりません。ろう文化と聴文化、そして手話と日本語という二言語二文化の理解があるかどうかです」と述べている（よないやま 2008: 16）。

　明晴学園の教員のほとんどは、龍の子学園でろう児の教育を担当するか、龍の子学園の活動に参加してきた人々であり、日本手話を身につけていた。ただ、幼稚部の聴者教員の一人は、ほかの幼稚園で教員を務めていた人で、日本手話ができなかった。

　日本手話ができない聴者の教員を採用したのは二つの理由があったと考えられる。まず、幼稚園教諭の免許状を持っているろう者が少なく、採用できなかったことがあげられる。その背景には、音楽が幼稚園教諭免許状を取得するための必修科目になっていることもある。もう一つは、多くのろう学校幼稚部においても手話は活用されているものの、聴覚口話法が中心になっている傾向がある。また、一方で、初代校長をつとめた斉藤道雄は、「明晴学園は、既存のろう学校の幼稚部の取り組みではなく、一般の幼稚園の取り組みを積極的に導入するために聞こえる子どもを対象とした幼稚園の経験がある人を採用した」と述べた（2015 年 6 月 19 日、さいとうからの聞き取り）。

2.5. 明晴学園という校名

　公立ろう学校の場合、「聾学校」または「聴覚特別支援学校」という呼称が使用されている。明晴学校の校名には「ろう」が入っていない。その理由について初代校長である斉藤道雄（さいとう・みちお）は雑誌『いくおーる』掲載のインタビューにおいて次のように述べている。

　　松田：他には、「聾」という文字を使わなかったのはどうしてかという声
　　　　　もありますが（略）。
　　斉藤：ああ、いろいろと議論したんですよ。「明晴聾学校」にしようとか。

それとね、文科省から言われたのがね、「明晴特別支援学校」とかね。
松田：え…。それはいただけませんね。
斉藤：（苦笑）そんなことを言われたんですよ。僕らとしては、やっぱりこれまでのろう学校とは違う！と。そのことをハッキリ出したかったんですね。別に「聾」と名前を入れるのが嫌だったわけじゃないんですよ。もし「明晴聾学校」とすると、きっと、今までたくさんあった聾学校の延長線上に出来た、ひとつの私立学校という位置付けになっちゃう。そこで、実態としては聾学校なんだけれども、名前には「聾」を付けなかった。今までの聾学校とは全然違うんだぞっていうことを出したかったんですよ。だから、「明晴聾学校」とはしなくて、「明晴学園」にしたんですよ（さいとう 2008: 10）。

このように、これまでのろう学校とのちがいを強調するために、校名に「ろう」「聴覚」を使用しなかったという。また、玉田さとみによれば、手話で「晴れ」と「学校」は手形が同じ（手の動きは異なる）で、子どもが手話で話しやすいという。玉田は「明晴」の意味について「ろう者にとって、手話が幽閉された暗黙時代が終わり、明るく晴れやかな時代となる」と述べている（たまだ 2007: 12-13）。

2007年9月に学校法人・学校設置認可申請を行い、同年12月に学校法人・学校設立の認可を受けることになった。2008年3月に「フリースクール龍の子学園」は閉園された。2008年4月9日に東京都品川区に学校法人「明晴学園」が開校され、開校式を兼ねた入学式が行われた。幼稚部16名、小学部25名の合計41名が入学した。入学した子どもの多くはフリースクール龍の子学園に通っていたろう児であった。

初代理事長には、ろう者と聴者によるろう文化運動の組織であるDプロや龍の子学園の代表をつとめたろう者の米内山明宏（よないやま・あきひろ）（ろう者）が就任した[6]。米内山は、1980年に日本ろう者劇団を設立してから、日本のろう文化運動の中心的な役割を担ってきた人物である。初代校長には斉藤道雄（さいとう・みちお）（聴者）が就任した。斉藤はTBSテレビ報道局の元プロデューサーで、90年代からろう文化や龍の子学園を取材しながら、龍の子学園の活動を支援してきた人物である。

3. 明晴学園の概要と特徴

ここでは、明晴学園の内部の活動と、明晴学園のバイリンガルろう教育をささえるための活動にわけ、その概要と特徴について述べる。

3.1. 明晴学園の教育活動
3.1.1. 視覚メディアを重視する

明晴学園では聞こえない・聞こえにくい子どもたちを「目の子どもたち」と呼んでいる。聞こえないことに注目するより、視覚メディアによる環境の提供を重要視していることがわかる。ここでは「目の子どもたち」という発想に着目し、手話を中心とした視覚メディアによる情報保障を行っている明晴学園の取り組みについて概観する。

まず明晴学園の学部編成は、幼稚部（3歳～5歳）、小学部（6歳～12歳）、中学部（13歳～15歳）の3学部を設置している。学園とは別の活動として、0歳から2歳までのろう児を対象とした乳児クラスがある。それに対して、2016年度入学案内資料によると、教育に直接関わる教員・講師・スタッフ数は、幼稚部5名（ろう者3名）、小学部6名（ろう者3名）、中学部11名（ろう者4名）計22名である。教職員の3人（聴者）も日本手話が堪能な人である。教員のほとんどは手話が堪能であり、日本手話による教授活動ができる。ただ、中学部の一部の授業は、手話通訳がついているという。授業だけでなく、各種行事、事務、保護者との面談は手話で行われている。手話ができない訪問者については、聴者教職員による手話通訳が提供される場合がおおいという。つまり、近年のろう学校はろう児の手話が読み取れないという問題を抱えているが、そのような問題は明晴学園では生じないのである。

このような体制の下で、幼稚部から中学部までの一貫教育を行っている。2015年5月現在、幼稚部11名、小学部34名、中学部12名の合計57名が在籍している。ほかの学校から転学してきたろう児はそれほどいないという。明晴学園の関係者に確認したところ、2015年5月現在、保護者がろう者で、家庭のなかで手話を身につけているろう児は2割強であるという（明晴学園

の関係者からの確認)。8割程度のろう児は同学園の手話によるイマージョン教育によって手話を習得している。

　これまで人工内耳や補聴器をつけて入学したろう児はわずかにいたが、2016年3月現在、補聴器や人工内耳をつけているろう児はいないという。これについて、現在、理事長をつとめている斉藤道雄（さいとう・みちお）は、「手話を身につけることで、だんだん必要がなくなる」と述べた（2015年6月19日、さいとうからの聞き取り）。

　公立ろう学校のろう児のほとんどが補聴器か人工内耳のどちらかをつけている。最近、公立ろう学校では、特に人工内耳をつけているろう児が増えていることもあり、残存聴力を活かすことがより注目されている。たとえば、FM補聴器システム、赤外線補助システムなどの補聴整備が設けられている（はらだ 2014: 112）。また、ほとんどのろう学校では、聴力の検査や補聴器などの点検を行う聴覚検査室を設けてきた。これは、特別支援学校幼稚部教育要領、同小学部・中学部学習指導要領によるものである。小学部・中学部の「指導計画の作成と内容の取扱い」のなかでは、「補聴器等の利用により、児童の保有する聴覚を最大限に活用し、効果的な学習活動が展開できるようにすること」と明記されている[7]。

　それに対して、明晴学園には補聴システムや聴覚検査室がない。いくつかの部分は学習指導要領によらなくてもよいという、特例校の指定を受けたからである。明晴学園におけるすべての活動は手話を含んだ視覚メディアによって行われている。たとえば、施設の面からみると、授業のはじまりと終わり、警報を色や光で示すフラッシュライトが教室や廊下などに設置されている。また教室や廊下などにモニターを設置している。普通学校ではあまりみられないが、ろう学校ではよくみられるものでもある。一方、明晴学園は、教室と廊下の間に壁がない。手洗い場には大きな鏡が並んで設置されている。これは手話を見やすくするための工夫である。

3.1.2. バイリンガル・バイカルチュラルろう教育

　明晴学園の2014年度研究集録には、バイリンガル教育について「第一言語としての日本手話による教育を行い、日本手話を習得したうえで、第二

言語として日本語（書記日本語）の教育を行う。手話と日本語の二つの言語の習得を目標とする」と説明している（学校法人明晴学園 2014: 10）。バイカルチュラルろう教育については、「ろう者としてのアイデンティティ（ろうである自分を肯定的に捉えられること）と行動様式を習得し、聴者の文化を学ぶことで、ろう者としての自分に自信を持つとともに、聴者の社会でも積極的に活躍できる人材を育成する」と述べている（学校法人明晴学園 2014: 10）。この4つのもののなかで土台となるのは、「日本手話」とろう文化であり、その上で「日本という地域社会の中で生きていくためにきわめて重要である日本語（書記日本語）と聴文化（聴者の行動様式や価値観）を学ぶ」とうったえている（学校法人明晴学園 2014: 10）。また、この「二つの言語と二つの文化というこれらの力が車の両輪となることで、ろう児ははじめて自分の力で主体的に社会に関わり、国際社会に羽ばたくことができるのである」と説明している（学校法人明晴学園 2014: 10）。

　聴者は、ろう者の手話や文化を学ばなくても問題にならない。ろう者は、多数派のことばや文化を学ばなければならない。これは、ほかの言語的少数者と類似した点でもある。

3.1.3. 教科の「国語」を「手話」と「日本語」に

　明晴学園は、2008年4月から、特例校の指定を受けて、教育要領、学習指導要領によらなくてもよい、独自の教育課程をいくつか運営している。「国語」の代わりに、「手話」と「日本語」という教科を設けている[8]。「手話」という教科は、普通学校の「国語」の位置づけをもっている。教科としての「手話」について、次のように説明している。

> 　ろう児は、実際に、ろう者の世界や文化に積極的にふれることで、自分に自信をもち、ろう者としてのアイデンティティーを確立する。そのためには、多くの良質な日本手話環境を整え、日本手話による様々な語りやろう文化などを十分に用意することが必要となる。それは、日本手話による十分なコミュニケーションを成立させ、学習言語を高める上でも重要である。また算数や理解など他の教科と関連付けて学習言語をさらに高めるこ

ともできる。

　教科「手話」の領域構成は、「理解」「表現」「文法」「物語・文学」であり、思考力や想像力および言語感覚を養うことが最大の目標である（学校法人明晴学園 2010: 23）。

　このように、「手話」という教科は、明晴学園の手話環境で習得した生活言語としての日本手話の能力を、批判的な思考力をもつ「学習言語」の水準に発展させることを目標としている。

　「日本語」という教科は、ろう児にとっては、第二言語（例：普通学校の外国語）として学ぶものである。「日本語」では、音声は使用せず「読み書き」を中心に行っている。明晴学園は、日本語がろう児にとって第二言語であることを強調している。たとえば、榧陽子は、「日本語」という教科について次のように述べている。

> 　小学部では日本語を楽しむ、日本語に慣れ親しむということを大切にしている。（略）文法的に正しいかどうかというよりも、内容的に面白いかどうかということを大切にしている。いつも間違いを指摘していると、子どもに日本語に対する苦手意識やコンプレックスを与えてしまうので、そうならないように留意する必要がある（かや 2012: 193）。

　小学部の高学年や中学部では、日本語教育を専門とする教師が、第二言語として日本語を学習する人のための教授法に基づき、日本語を教える時間を設けている。

　また、ほかのろう学校にはない「市民科」という教科がある。「市民科」では、2006年度より新設された品川区の小中一貫教育の教育要領を参考とし、ろう文化に関する部分を加えて編成したという。「市民科」の目標は「自己を肯定的に捉え、豊かな人間性・社会性をもち、多文化共生社会・国際社会で活躍できる人材の育成」である（学校法人明晴学園 2014: 8）。

3.1.4. 子どもが学校をつくる

明晴学園は、学校教育の目標として以下の3点をあげている。

1. 自ら学び、自ら考える人を育てる。
2. 豊かな人間性・社会性をもち、多文化共生社会・国際社会に生きる人を育てる。
3. 手話と日本語、ろう文化と聴文化を学び、自分に自信を持って社会で生き抜く力を育てる（学校法人明晴学園 2010: 6）。

十分に聞き取る・読み取ることができない教育を受けて、受身になった経験をもっているろう者が多い。明晴学園の学校目標には、既存のろう教育にたいする問題意識がこめられている。これまでのろう教育が目標としてきた「残存聴力を最大限に活かす」ことは、「ろう児をリハビリテーションの対象者として扱っている側面」があったといえる。日本手話によるろう教育は、「残存聴力をどのように活かすか、また聞こえないことによって生じる言語の問題」をどのように解決するかという発想がない。ろう児をろう児として受け入れることによって、教育の内容がより重要視されているといえる。

明晴学園の2016年の幼稚部・小学部「入学案内」資料には、「ユニークな教育──子どもが学校をつくる」という案内がのせられている。明晴学園は、「授業においても、教師が一方的に教えるのではなく、子ども同士で話し合い、考えることで、自ら学ぶ力を育てます」と強調している（学校法人明晴学園 2015: 5）。

広津ほか（2014）は、「明晴学園における早期教育の考察」において、ろう児による「明晴商店街」や募金活動について、次のように述べている。

> 子どもたちが自発的に始めた活動として、「明晴商店街」や募金活動がある。明晴商店街は、自分たちで商店街のルールやお店を作り、どのようにしたら「儲かる」か、どのような「施設」（鉄道など）を作ったらいいかなどを子ども自身で考え制作していった。また、他の子どもをだまして自分の利益を上げようとする子どもが出てきた際には、子ども会で議論を

して新しくルールを作ったり、「警察」を設けたりした。募金活動は、カンボジアの地震除去作業について学習した際に、その活動を支援するための寄付を集めたいと子どもたちが開始した（ひろつ ほか 2014: 19）。

　明晴学園の「ユニークな教育」の一つは「しかあり」というリテラシーである。図2のように「しかあり」は、「知る」「考える」「表す」「利用する」の頭文字をとったものである。図2のように、ろう児のリテラシーとは、「ビジュアル・リテラシー、数学的リテラシー、情報リテラシー、批判的リテラシーという多様なリテラシー」を育てることである（学校法人明晴学園 2014: 26）。2016年度の入学案内資料によると「学んだことをただ覚えるだけでなく、考える力、社会で活用する力を育てるために、子どもも教師も、知る→考える→表す→利用するというサイクルを常に心がけて」いるという（学校法人明晴学園 2015: 5）。明晴学園の2014年度明晴学園研究集録である『手話で学ぶ』においては、「しかあり」の目標について次のように述べている。

　世界を読み解き、他者に発信できる人になるために必要なことは、情報としての「知識」を収集することではなく、世界のあらゆる事象について考え、想像し、それを自分以外のだれかと共有し、関わりながら、行動していくことである。行動する上で必要があったとき、必要な情報を自分で集め、役立てることができればよい（学校法人明晴学園 2014: 26）。

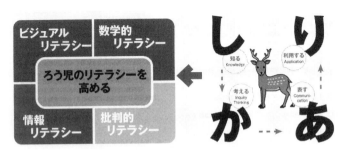

図2　明晴学園のリテラシー「しかあり」
出所：学校法人明晴学園（2014: 26）

このように、明晴学園は既存のろう教育における日本語の読み書きだけを強調するリテラシー概念から脱却し、独自のリテラシー概念を作り出している。広津ほか（2014）はこのような明晴学園の活動について、次のように評価している。「一見、日本手話を使う教育が特徴であるように思われるが、実際の学習の中では、自ら考え、社会の中で生き抜くための広義の『リテラシー』を大事にしており、そこにこそ学園の教育の眼目がある」（ひろつ　ほか 2014: 20）。

3.2.　バイリンガルろう教育をささえるための活動

　ここでは、学園内部の教育活動以外の活動をとりあげ、日本手話と日本語の読み書きによるバイリンガル教育の特徴について述べる。

3.2.1.　日本手話にアクセスできる環境を提供

　明晴学園のもう一つの特徴は、聴覚障害があると「診断」された子どもをもつ親にさまざまな情報を提供していることである。非営利団体バイリンガル・バイカルチュラルろう教育センターの玉田さとみは、近年の状況について次のように述べた。

> 　この間、急にかわった傾向として、新生児スクリーニングでひっかかった生後2～4カ月の子どもをもつ親から連絡が来ます。親には、まず人工内耳の情報がメインで届いています。人工内耳って何だろうとインターネットで調べたら（略）明晴学園がひっかかってくるので、対岸からやってくる保護者がけっこういます（2015年6月19日、たまだからの聞き取り）。

　近年、日本社会では新生児聴覚スクリーニング検査が導入され、小児を対象とした人工内耳手術が普及している（第5章を参照）。このような状況は、音声言語の少数言語教育とは異なっている。
　バイリンガル・バイカルチュラルろう教育センターや明晴学園は、保護者を対象に、ろう者の生活や日本手話によるろう教育にかんする情報を提供している。玉田によると「聞こえるきょうだいがいる時にはどうしたらいいの

か、地元のろう学校やろう協会とどうやって付き合ったらいいかとか、お母さんの気持ちがまだ不安定で人工内耳に揺れている場合に、ろう者スタッフと玉田が相談にのる」という（2015年6月19日、たまだからの聞き取り）。

　相談だけでなく、ろう児と保護者に手話を学ぶ環境も提供している。明晴学園は、幼稚部・小学部・中学部の正規の教育過程の他に、乳児クラスを運営している。乳児クラスは0歳から2歳までの乳児を対象とした手話による保育プログラムである。明晴学園の設立当時から現在まで週に2回（午前10～午後2時）、乳児クラスを開いている。参加費は無料で、乳児クラスの運営にかかる費用は学校法人が負担しているという（2015年6月19日、たまだからの聞き取り）。乳児クラスについて玉田は次のように述べている。

　　手話ばかりの世界にふだん接することがないんです。そこに来るとろうのお母さんもたくさんいるし、スタッフもろう者です。そういう大人の手話をみたり、幼稚部の子どもの手話をみたりすることができます。ろう児に手話の母語環境を提供しています（2015年6月19日、たまだからの聞き取り）。

　乳児クラスでは、ろう者のスタッフがろうの乳児と手話で絵本を読んだり、遊びながら手話の環境を提供するという。また、乳児クラスを通じて、ろう者保護者と聴者保護者の間で情報交換が行われているという。これについて、玉田は次のように述べた。

　　子どもがろうのスタッフと遊んだりしている時に、お母さん同士で話をします。ろうのお母さんがいるので、手話を一生懸命読み取るとか、質問されたら一生懸命答えるとか。ろうの世界に飛び込ませる、そういう時間がものすごく大事です（2015年6月19日、たまだからの聞き取り）。

　日本手話によるろう教育は、音声言語による継承語教育以上に、母語環境を提供することが難しい[9]。その理由の一つは、ろう児の多くが聞こえる親から生まれることである。ろう児の場合、保護者のほとんどがろう文化にか

んする知識を持っていない。乳児クラスは、ろう児だけでなく、聞こえる保護者にも手話やろう文化にアクセスする機会や環境を提供している。

3.2.2. 保護者を対象とした手話教育

　音声言語における少数言語教育の場合、保護者と子どもの間に共通言語がある場合が多い。もっとも、子どもが日本社会にとけこむなかで、親の言語がほとんどできなくなる場合も多い。聞こえない・聞こえにくいろう児の場合、人工内耳や補聴器をつけて音声言語を習得する場合であっても、音声言語を聞き取るには限界がある。日本手話によるろう教育を選択した聴者の保護者は、ろう児とコミュニケーションを取るために手話を学習する必要がある。手話言語は少数言語であることから、社会的に学習環境が十分に整備されているとは言いがたい。バイリンガル・バイカルチュラルろう教育センターの玉田は、ろう児をもつ保護者を対象とした手話教室について次のように述べた。

> 　ろうの赤ちゃんをもっている保護者のための手話サロンというのを長いことやっています。お母さんが自分の子どもがろうだとわかった時に手話を習いたいと思っていても手話サークルや手話教室に子連れで行くのは難しいですね。（略）子どものために手話を習うわけだから子どもを連れていける、ろうの子どももしくはその兄弟だったら連れてきてもいいという手話教室です（2015年6月19日、たまだからの聞き取り）。

　2014年からは、明晴学園のなかでも保護者を対象とした手話教室を運営している。また、日本手話による絵本DVD、乳児を対象とした手話文法DVDを制作し、6歳以下のろう児とその保護者に貸出サービスを実施している。バイリンガル・バイカルチュラルろう教育センターのホームページでは、センターの活動を手話で説明する動画だけでなく、バイリンガル・バイカルチュラルろう教育ミニ講座、保護者を対象とした手話文法講座を手話動画でみることができる。音声言語による少数言語教育を実施している学校の場合、ホームページ上で、その言語による講座を掲載しているところはそれ

ほどない。

3.2.3. 進学先における情報保障の支援

　明晴学園には高等部がない。これについて玉田は、「高等部の設立に必要な校地・校舎を確保することが難しいことと、スポーツや絵などさまざまなことを専門として学びたいと思っているろう生徒の希望をかなえられるような高校は作れない」と述べた（2015年6月19日、たまだからの聞き取り）。

　明晴学園の中学部を卒業したろう生徒は、公立ろう学校や通常の高校に進学している。バイリンガル・バイカルチュラルろう教育センターでは、通常の高校に進学したろう生徒のための遠隔による文字通訳サービスを提供しているという[10]。これについて、明晴学園の教員である岡典栄は、「大学は障害学生支援室が文字通訳をつけてくれる制度がありますが、高校はまだありません。中学までは義務教育だから保護者が要求するとつけてくれますが、高校は制度のはざまです」と述べた（2015年6月16日、おかからの聞き取り）。玉田によると、「最初のころはNPO法人の負担とボランティアを活用し、高校に進学したろう生徒の文字通訳を提供していたが、現在は外部資金をとって遠隔文字通訳を提供している」という（2015年6月19日、たまだからの聞き取り）。ただ、補助金は「あと1年半で終わり、その間に制度化させたい」と述べた（2015年6月19日、たまだからの聞き取り）。

4. おわりに

　明晴学園は構造改革特区を利用し、一条校（「学校」）として出発した。私学補助金や寄付金にたいする税金免除など「学校」にたいする法律上の補助を受けている。つまり、各種学校として位置づけられている多くの音声言語の外国人学校・民族学校に比べると相対的に安定的な経営が可能になっている。

　一方、日本手話によるろう教育は音声言語における外国人教育・民族教育と類似している側面が多い。具体的には、母語習得環境の確保という問題と社会の主流言語を習得しなければならないという問題をもつ。明晴学園は、

日本手話で教えることができるろう教師と聴者教師、そして日本手話が堪能な職員がいる学校空間を設けている。ただ、これだけではろう児の母語環境が整っているとは言いがたい。日本手話によるろう教育においては、保護者と子どもの共通言語の確保という課題がある。家庭への手話による母語環境をととのえるために、保護者を対象とした手話教育を運営するなど、さまざまな取り組みが行われているが、それだけでは十分ではない。保護者の手話能力には個人差があるという（2016年3月22日、たまだからの聞き取り）。日本手話を教育言語とする高校がないことで、これまでの言語環境や教育の取り組みを維持・発展することが難しいという側面もある。さらに、日本語の読み書きという主流言語の習得という課題もあるという（2016年3月22日、かやからの聞き取り）。たとえば、理事長である斉藤は明晴学園のろう児の日本語読み書きについて次のように述べている。

　けれど手話の教育にたどりついても、そこで問題が解決するわけではない。日本語中心主義は、ろう児が手話だけで生きることを容認せず、つねに日本語の習得を求めるからだ。日本に生まれる聞こえる子どもたちは日本語さえできれば一人前とされるかもしれない。けれどろう児は、手話ができるだけでは一人前とみなされない。第二言語の日本語を習得しなければ社会人になることができないのである。
　かたや一言語、かたや二言語。理不尽ではないかと思う。けれどこの社会では、理不尽だということもできない。そこで私たちはバイリンガル教育という方法を案出したのだった。ろう児はまず手話を獲得する、そのうえで、第二言語としての日本語を習得するという方法である。ろう児本人からみるなら、バイリンガルろう教育はけっして理想の教育などではなく、日本語中心社会でろう児が生き抜くための妥協の産物というべきかもしれない。
　そのように指摘したうえで、私は現実を素直に認めよう。バイリンガルろう教育のもとで、ろう児は聴児とおなじような日本語の力を身につけているわけではない。音声なしで音声語の読み書きを習得することは、不可能ではないが多大な困難を伴い、多くのろう児は日本語を手話とおなじ母

語のレベルで習得するまでにはいたっていない（さいとう 2016: 234-235)。

　それでは明晴学園、保護者そしてろう児は、書記日本語の習得により力を入れるべきだろうか。また明晴学園の試みにはさまざまな限界があるということなのだろうか。ろう児の書記日本語が日本語母語話者のように身についていないことが問題とされ、そのことが不利に作用することこそが問題視されるべきではないだろうか。

　日本手話という少数言語による教育を実践している明晴学園は、日本語も大事であるにしても、日本語習得が教育のすべてではないことを示している。日本手話を第一言語とするろう者、日本手話を第二言語とするろう者や聴者が「子どもが作っていく学校」を支えている。そこに、日本手話によるろう教育の意義がある。

　しかし、日本手話によるろう教育を実践しているろう学校は、私立学校である明晴学園のみである。その他では、公立のろう学校として北海道札幌聾学校が小学部で日本手話グループを運営している程度である[11]。また、ろう学校のなかでバイリンガルろう教育の実施を推進するために NPO 団体が活動をしている[12]。なぜ、このような現状が続いているのだろうか。日本手話によるろう教育を希望するろう児やその保護者は全国にいる[13]。公教育としてのろう教育の外部の活動からはじまった日本手話によるろう教育の実践は、いまだに例外的な存在である。第 5 章、第 6 章では、日本手話と日本語の読み書きによるバイリンガルろう教育を実践するにあたって、どのようなものが障害になっているかを検討する。第 5 章では、日本手話によるろう教育に立ちはだかるものとして聴覚障害の早期診断・早期医療をめぐる医療化の問題を検討する。第 6 章では、言語権の視点から、主流言語である日本語の読み書きをめぐる社会の価値観や能力主義の問題を検討する。

［注］
1　明晴学園や非営利法人バイリンガル・バイカルチュラルろう教育センターの活動を調べるために、『手話で学ぶ——2014 年度明晴学園研究集録』などの一次資料の提供をいただいた。聞き取りしたのは、校長の榧陽子（かや・ようこ）（ろう者）氏、NPO 法人バイリン

ガル・バイカルチュラル教育センターの玉田さとみ（たまだ・さとみ）（聴者）氏、理事長の斉藤道雄（さいとう・みちお）（聴者）氏、教諭の岡典栄（おか・のりえ）（聴者）氏、長谷部倫子（はせべ・ともこ）（聴者）氏である（以後、敬称略）。調査は、2015 年 6 月 16 日から 6 月 19 日までと、2016 年 3 月 22 日に実施した。樌への聞き取りは樌の希望によって筆談で行われた。

2 龍の子学園が不登校になったろう児の受け皿になった際には東京シューレに情報提供を受けている。

3 他に構造改革特区を利用してバイリンガル教育を行っている学校は、「群馬国際アカデミー」（2005 年に発足、特区第 1 号、群馬県太田市に所在）がある。

4 教育特区になった経緯については第 3 章で言及した。また、学校法人設立に深くかかわったろう児をもつ保護者である玉田さとみによる『小指のおかあさん』（ポプラ社）（たまだ 2011: 112-138）に詳しく記述されている。

5 玉田（2011）のほか、学校法人明晴学園（2014: 90-91）の「沿革」やバイリンガル・バイカルチュラルろう教育センターホームページに掲載されている「これまでの流れ（沿革）を参考にした（http://www.bbed.org/summary/history.html）。

6 米内山（よないやま）が 1988 年に刊行した著書、『手話は語る——手話で考え手話で話す』（評伝社）は、日本のろう文化運動のはじまりといっても過言ではないだろう。http://www.deaf.or.jp/usr/yonaiyama/

7 文部科学省（2009 年 3 月告示）の『特別支援学校幼稚部教育要領特別支援学校小学部・中学部学習指導要領特別支援学校高等部学習指導要領』の小・中 7 ページ http://www.mext.go.jp/a_menu/shotou/new-cs/youryou/tokushi/tokushi.pdf

8 「手話」と「日本語」の教科による二言語教育を行うために、『ハルミブック』という教材を開発した。『ハルミブック』の主人公である「ハルミ」は 8 歳のろう児である。ろう児の「ハルミ」がろう者と聴者とどのようにかかわりながら生活しているかが主な内容である。『ハルミブック』については、佐々木倫子（ささき・みちこ）ら（2011）を参照すること。

9 朝鮮語教育の場合、保護者が朝鮮語を話せない場合も増えている（たとえば、朝鮮学校物語（조선학교 이야기）編 2014= 2015）。

10 「ろうの高校生への遠隔情報支援」http://pcmoji.bbed.org/

11 明晴学園　http://www.meiseigakuen.ed.jp/
北海道札幌聾学校の日本手話グループ
http://www.sappororo.hokkaido-.ed.jp/syougakubu.html

12 特定非営利活動法人北海道バイリンガルろう教育を推進する会
http://blog.canpan.info/hbed/
バイリンガル・バイカルチュラルろう教育センター（BBED）
http://www.bbed.org/index.html

13 明晴学園の幼稚部には新幹線で通学しているろう児とその保護者がいる。日本手話によるろう教育を受けたいが、地元ではそれがかなわなかったからである（2015 年 6 月 19 日、保護者 A からの聞き取り）。

第5章

日本手話によるろう教育に立ちはだかるもの
——聴能主義

1. はじめに

　日本では1980年代の後半から、手話言語を話す言語的少数者としてろう者を捉える主張が登場した（よないやま 1988）。1995年に雑誌『現代思想』で発表された木村晴美と市田泰弘による「ろう文化宣言」は、ろう者のことばである日本手話が抑圧されている現状を「宣言」という形態によって日本社会に知らしめた（きむら、いちだ 1995）。それから日本社会はどれほど変わったのか、変わっていないのか。

　たとえば、日本においてろう文化運動を導いていたろう者と聴者の集団であるDプロは、日本手話によるろう教育を受けることができないろう教育の問題を解決するために、1998年にDプロろう教育チームとろう教育を考える会を設立した。Dプロは、「ろう教育においても、生徒人数の減少に歯止めをかけなくてはいけない時期に来ています」それは「ろう文化の後世代への伝承をも危うくします」と考えていた（Dプロ 1999: 5）。1994年に人工内耳手術にたいする健康保険が適応されることになった。また同年、インクルーシブ教育の促進とインクルーシブ教育を向けた教育政策の転換を表明したサラマンカ宣言が発表された。ろう教育においては人工内耳手術にたいする慎重論があったものの、徐々に人工内耳の効果にたいする期待も増えていた（たなか 2013）。サラマンカ宣言では、「聾者のコミュニケーション手段としての手話の重要性が認識されるべきであるし、また、すべての聾者が彼らの全国的手話で教育にアクセスできることを保障する準備がなされるべきである」となっていた[1]。

それでは、近年の現状はどうなっているのだろうか。本章では、近年のろう教育の言語環境に大きな影響をあたえている、「聴覚障害の早期診断・早期療育の医療化」を取り上げる。まず近年の「聴覚障害の早期診断・早期療育」の現状を確認し、その現状を社会モデルの視点から問い直す。次に、聴覚障害にたいする医療の介入が、ろう教育をどのように規定しているかを論じる。本章では、聴覚障害という身体をもつ言語的少数者であるろう者を対象とした「医療の介入」と教育の問題をより具体的に論じてみたい。

2. 聴覚障害の早期診断・早期療育の医療化

　これまでろう教育においては、聴覚障害から発生する音声言語の習得困難などを防ぐためには、できる限り早めに聴覚障害を発見し、速やかに教育を開始することが必要であると主張されてきた（たとえば、おおた 2008）。これらに関連する取り組みを、ろう教育では、「聴覚障害の早期診断と早期療育」などと呼んでいる。ここでは、近年の聴覚障害の早期診断・早期療育の現状を確認する。

2.1. 新生児聴覚スクリーニング検査の導入

　新生児聴覚スクリーニング検査は、新生児の聴覚障害の有無を判断する検査である[2]。出産入院中、出生後2～4日のうちの新生児が寝ている間（自然入眠下）に初回の検査を行うのが望ましいとされている[3]。新生児を対象とするため、耳鼻咽喉科でなく、出産を担当する産婦人科で行われる。
　以下では、山下裕司（やました・ひろし）（2012）、林安紀子（はやし・あきこ）（2012）、廣瀬宜礼（ひろせ・よりのり）（2015）を参照して、日本における新生児聴覚スクリーニング検査の普及状況について概観する。
　山下によると、米国では、「1993年に、National Institute of Health（NIH）が、NICU入院児は退院までに、その他の全乳児は生後3カ月以内に聴覚スクリーニングを受けることを推進し、全乳児を対象とした聴覚スクリーニングの体制作りが始まった」（やました 2012: 111）[4]。日本では、1998年に「新生児聴覚スクリーニングに関する厚生科学研究班が発足し、聴覚スクリー

ニング方法と療育体制に関する研究がはじまった」(やました 2012: 112)。そして「2000 年には旧厚生省において年間 5 万人規模の『新生児聴覚検査モデル事業』が予算化された」(やました 2012: 112)。廣瀬によると、2001 年に「『岡山県新生児聴覚検査事業の手引き』が発表され」、2002 年には「『新生児聴覚検査事業の手引き』[5] が厚生労働省より刊行された」(ひろせ 2015: 137)[6]。山下によると「2001 年に岡山県、神奈川県、栃木県、秋田市で同モデル事業が開始され、2005 までに 17 都道府県・政令都市で実施されるようになった」(やました 2012: 112)。このモデル事業は、2005 年 3 月に終了した。同年 4 月からは、「厚生労働省の母子保健医療対策等総合支援事業(統合補助金)の中に組み込まれ、国庫補助による助成を実施」したが、2007 年 3 月に同助成はなくなった。2007 年 4 月から、新生児聴覚検査事業は「少子化対策措置として予算化された各市町村の一般財源で実施」されている(やました 2012: 112)。

日本の新生児聴覚スクリーニングは、米国の聴覚障害の早期発見・早期診断のガイドラインによる「1-3-6」ルールにしたがっている。林によると、スクリーニングの結果は、聴力の程度ではなく、「『Pass(正常)』か『Refer(要再検)』」かが判定される。出産後の「入院中に Refer になった場合、退院時に 2 回目の検査を行」う。そこでも要再検となれば、「生後 1 カ月までに 3 回目のスクリーニング検査を行う」。「生後 1 カ月時点で Refer となった場合は、専門の医療機関で聴覚の精密検査を実施し、生後 3 カ月までに聴覚障害の確定診断」をする。「生後 6 カ月までに補聴器装用や療育支援を開始」することをめざす(はやし 2012: 336)。つまり、生後 1 カ月までに新生児聴覚スクリーニングに終わらせ、3 カ月までに確定診断し、6 カ月までに早期支援を開始することを目標としている。

2.2. 人工内耳の低年齢化

東京医学大学病院耳鼻咽喉科の聴覚・人工内耳センターの河野淳(かわの・あつし)は、人工内耳をめぐる近年の状況について次のように述べている。

特に1998年から米国で導入された新生児聴覚スクリーニング検査とその後のシステムを契機にした1-3-6ルールを本邦でも取り入れ、生後1カ月までに難聴児を早期発見し、3カ月までに早期診断し、6カ月までに早期支援を開始するという体制が少なからず本邦でも根付きつつある。この制度のもとに、補聴器では十分な効果が得られないと考えられる場合に早期に人工内耳植込み術を施行することになるが、多くの施設で整ってきた感がある（かわの 2015: 807）。

　このように、新生児聴覚スクリーニング検査の1-3-6ルールによって、生後6カ月までに補聴器装用を開始し、補聴器では十分な効果が得られないと考えられる場合、早期に人工内耳手術を行うという流れになっている。人工内耳とは、耳の内耳に電極を埋め込み、聴神経を電気的に刺激して、それを脳に伝える聴覚補助装置である[7]。

　日本では、1985年にはじめての多チャンネル型人工内耳手術が行われた（たなか 2014）。大久保豪（おおくぼ・すぐる）によれば、当初の人工内耳手術

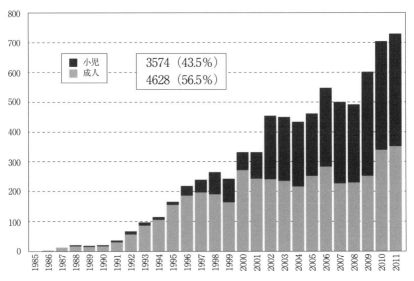

図3　小児を対象とした人工内耳手術の推移
出所：かわの（2015: 807）より転載。

は基本的に中途失聴の成人に対して実施されていた。1994年4月から健康保険適用となり、費用負担が激減された。これについて大久保は、「人工内耳が多くの家庭において選択可能な手段」となったことを意味すると指摘している（おおくぼ 2007: 452）。

アメリカでは、1990年に米国FDA（Food and Drug Administration）において小児への人工内耳の適応認可がなされて以来、初期より幼少児への手術症例が約半数を占めていた。1990年代までの日本における小児人工内耳の手術率は20％ほどであった（かわの 2015: 806）[8]。近年では、小児を対象とした人工内耳の割合が増加しており、その年齢も低年齢化している。小児を対象とした人工内耳手術が増えている背景には、2000年以降の新生児聴覚スクリーニングの普及や、「人工内耳適応基準の低年齢化」がある。

1998年に日本耳鼻咽喉科学会によって成人と小児における人工内耳適応基準が示され、聴力レベルや手術年齢等の医学的条件や必要事項が定められた。同年、日本耳鼻咽喉科学会は「適応の年齢は2歳以上、18歳未満とする。ただし先天聾（言語習得前期失聴者）の小児の場合、就学期までの手術が望ましい」とした人工内耳適応基準を発表した（なかの、かなざわ 2004: 694-695）。「（略）2006年には，人工内耳適応基準の改定が行われ，小児の手術適応年齢が2歳から1歳6ヵ月以上に変更され、聴力レベルも小児は100dBから成人と同じ90dBに変更された」（もり 2015: 16）。「さらに、2014年には、小児の人工内耳適応基準の改訂が行われ、手術年齢は、原則1歳以上（体重8kg以上）と変更」された（同上）[9]。

2.3. 先天性難聴の遺伝子検査の普及

日本では、2008年に「先天性難聴の遺伝子診断」が厚生労働省より先進医療として認められ、2012年から「遺伝学的検査（先天性難聴）」にたいして健康保険が適用されている。13遺伝子46変異のスクリーニング検査が保険診療の対象になっている[10]。東京医療センター・感覚器センターの松永達雄（まつなが・たつお）は、「予測される原因遺伝子が検査の対象でない場合や、検査しても原因が判明しない患者に対しては、研究としての遺伝子検査でさらに広く遺伝子変異を検査できる」と述べている（まつなが 2014: 24）。

先天性難聴の遺伝子検査は医学部がある大学を中心に実施されている。たとえば、信州大学医学部耳鼻咽喉科学講座は、全国の 80 以上の施設と「難聴の遺伝子解析に関する共同研究」を行っていることを公表している [11]。

松永は先天性難聴遺伝子検査の必要性について次のように述べている。

> 現在、先天性難聴の原因の半数あるいはそれ以上が難聴遺伝子変異（遺伝性）であることが判明している。そのため、先天性難聴の診療では遺伝性難聴について十分理解しておく必要がある（まつなが 2014: 19）[12]。

> また、原因となる遺伝子によって補聴器の効果、人工内耳の効果についても、ある程度予測できる場合がある。特に新生児、乳幼児では、実施できる聴覚検査は限られているため、遺伝子検査で得られる情報とあわせてより効果の高い個別の診療計画を立てられる場合がある（まつなが 2014: 24）。

先天性難聴の遺伝子検査の利益について、信州大学医学部耳鼻咽喉科学講座の「難聴の遺伝学的検査の説明書」は次のように説明している。

> 先天性の難聴のうち約半数は遺伝子が関係していると言われていますので、難聴の正確な診断には遺伝子検査が欠かせないものになりつつあります。原因遺伝子の種類によって難聴の程度、進行するかどうか、めまいや他の症状・病気が将来発症するかどうかなどの予測がある程度可能になります。またこれらの情報にもとづいて適切な治療法を選択したり、予防すること、また治療法の選択について話し合うことも可能になります。またそれぞれの家族で遺伝情報にもとづく遺伝カウンセリングも可能になります [13]。

ここでいう予防は、優生学的な「難聴児を生まないようにする」という意味ではないだろう。恐らく、治療をとおして聴覚障害が発症できないようにするという意味であるだろう。ただし、先天性難聴遺伝子検査が聞こえない・聞こえにくいことを疾患の一つとして認識し、治療の対象として扱って

いることは否定できない。

　以上で確認した聴覚障害の早期診断・早期療育は、「聴覚障害を早期に発見し、早期に聴覚を活用すれば、日本語のコミュニケーション能力を高めることができる」という認識にもとづいている。新生児聴覚スクリーニング検査、遺伝子検査をとおして、これまでより早期に、聴覚障害があることがわかったとしても、「1-3-6というルール」がある。補聴器や人工内耳をつけるには時間がかかる。そのため、聴覚障害の早期診断・早期療育を支持する専門家は、近年の医療技術の成果を「より早く、より多くの人」が享受できるようにするべきであると主張している（いとう2015など）。

　聴覚障害の早期診断・早期療育は、医療従事者や言語聴覚士そして一部のろう教育専門家を中心に推進されている。聞こえない・聞こえにくい子どもをもつ保護者に、聴覚活用を前提として一方的に情報が提供されている[14]。これについて、聞こえない・聞こえにくい人の当事者組織であるろうあ連盟は、懸念を示し、是正を求めている[15]。

3. 障害の社会モデルからの検討

　このように、聴覚障害にたいする早期治療・早期療育は、聴覚活用を前提にしている点において、「聞こえないよりは聞こえたほうがよい」という価値観にもとづいているといえる。また、「治療」を通して聞こえない・聞こえにくいという「問題」を解決しようとしていることから、聴覚障害を身体の問題あるいは個人の問題と認識しているともいえる。ここでは、ろう者学の「聴能主義」という用語や障害学の視点から聴覚障害の早期診断・早期療育を再検討してみたい。

3.1.「聴能主義」という用語

　アメリカの「デフ・スタディーズ（deaf studies: ろう者学）」という分野で使用されている用語として「オーディズム（audism）」という用語がある[16]。たとえば、「女性学」が少数者である女性の視点からジェンダー、性、そして社会について研究する学問であるなら、ろう者学は、少数者であるろう者

の視点からろう者やろう者をめぐる社会について研究する学問であるといえる。「オーディズム（audism）」は「聴能主義」と訳される[17]。

ろう者の大学としてよく知られているアメリカのギャローデット大学（Gallaudet University）の図書館ホームページには、「オーディズム」ついて言及している本を紹介しているページがある。そこから、いくつかの定義を確認してみる[18]。

"The notion that one is superior based on one's ability to hear or to behave in the manner of one who hears." Tom Humphries, *Communicating across cultures（deaf-hearing）and language learning.*（Doctoral dissertation. Cincinnati, OH: Union Institute and University, 1977）, p.12.

ある人について、聞くまたは聴者のように行動する能力に基づき、優れていると判断する観点（訳は引用者による）。

"The belief that life without hearing is futile and miserable, that hearing loss is a tragedy and the "scour-age of mankind" and that deaf people should struggle to be as much like hearing people as possible.［…］" Fred Pelka, *The ABC-CLIO companion to the disability rights movement*（Santa Barbara, Calif: ABC-CLIO, 1997）, p.33.

聞くことのない人生は、無価値かつ悲惨であり、聴覚の喪失は悲劇で「人類に残された課題」であり、ろう者はできる限り聴者のようになるために努力しなければならないという信念（訳は引用者による）。

"An attitude based on pathological thinking which results in a negative stigma toward anyone who does not hear; like racism or sexism, audism judges, labels, and limits individuals on the basis of whether a person hears and speaks." Janice Humphrey and Bob J. Alcorn, *So you want to be an interpreter?: an introduction to sign language interpreting*（Amarillo, TX: H&H Publishers, 1995）, p.85.

聞こえない人々に対する否定的なスティグマをもたらす病理的観点に基づいた態度；レイシズムあるいはセクシズムのように、オーディズム

(audism) はある人が聞こえる／話せるかの判断に基づいて、個々人を判断し、ラベリングし、そして限界づける（訳は引用者による）。

　Humphrey & Alcorn (1995) による定義を詳しくみてみる。「レイシズム (racism)」は、「人種差別」か、あるいは「人種主義」と訳される。1966 年に採択された国際連合の「あらゆる形態の人種差別の撤廃に関する国際条約（人種差別撤廃条約）」においては、「人種差別」とは「人種、皮膚の色、世系又は民族的若しくは種族的出身に基づくあらゆる区別、排除、制限又は優先（略）」と明記されている（まつい ほか編 2005: 261）。「セクシズム (sexism)」は、「性差別」か、あるいは「性差別主義」と訳される。「セクシズム」は、「性別を理由に人を差別するイデオロギー」を意味する（チョン 2003）。また、障害を個人的な身体の問題ではなく社会的な問題として取り上げている障害学の分野で使用されて用語としては、「ディスエイブリズム (disablism)」という用語がある。「障害者差別主義」と訳される場合がおおい。「障害があることを悲劇的なこととしてみなし、障害のある人を無能力化するイデオロギー」をさす用語である（Barnes et al. 1999=2004）。
　それらの定義になぞらえて「聴能主義」の意味をもう一度考えてみると、次のようになるだろう。「聴能主義」とは、「聴力」を基準とし、「聞こえない・聞こえにくいこと」と「聞こえること」を区別し、聞こえない・聞こえにくいことを否定的にとらえるイデオロギーである。
　Humphries (1977) の「聴能主義」の定義から、聴覚活用を前提とした早期診断・早期療育をみると、聞こえない・聞こえにくいことはおとっていると認識していることになるだろう。また、Pelka (1997) の定義からみると、音声言語の習得を目的として言語訓練を受けることが望ましいというのは、聞こえない人は聴者になるために努力するのが望ましいということになるだろう。

3.2. バリアは社会のほうにある
　聞こえない・聞こえにくい人の身体に介入する聴能主義は、聞こえないことを個人の問題、身体的な問題としてとりあつかっている。これは言い換え

れば、聞こえない・聞こえにくいことを治療すべきものだとして「本質化」することである。

　アメリカの人類学者であるノーラ・E・グロース（Nora Ellen Groce）の『みんなが手話で話した島』の事例をみてみよう。アメリカボストンの南にあるマーサズ・ヴィンヤード島には、17世紀から20世紀初まで、島の外よりも聴覚障害者の出生率が高かった。それは、隔離された島という地理的条件と遺伝的な聴覚障害によるものであった。その島では17世紀から20世紀初頭まで、聞こえないことはハンディキャップであると認識されていなかった。その島において、ろう者は、日常生活を含め、教育、経済などあらゆる場面において聴者と異なる扱いを受けることなく生活していた。その島のろう者は聴者と話す時に読話や筆談をする必要もなかった。それは、島の聴者が英語と手話を兼用していたからである。ろう者の日常生活で使用されていた手話がそのまま聴者とのコミュニケーションの場においても使用された。

> また多くのインフォーマントが、ろう者とろう者が話す場合と、健聴者とろう者が話す場合とで、手話の種類や語順に差はないと証言した。島外のろう者には、健聴者と話すときに、アメリカ手話（ASL）を使わないで、手指英語（サインド・イングリッシュ）（英語を手話に逐語訳したもの）に切り替える者がいることを考えると、これは意味深長な事実といわねばならない。島ではせいぜいのところ、手話が得意でない者と話すときに、「日ごろ接する機会のあまりない者と話す場合のように」、ろう者がゆっくり手話をあらわすというのが、唯一例外といえる例外なのであった（Groce1988=1991: 126）。

　このように、マーサズ・ヴィンヤード島では手話言語と音声言語のどちらかが優位にあるということはなかった。この事例を過去の話であると簡単にかたづけず、現在進行形の問題として考えてみれば、社会の多数を占める聴者の手話能力がかけているため、「先天性難聴」の「予防・治療」が言及・実施されているのだと解釈することができるのではないだろうか。

　杉野昭博（すぎの・あきひろ）は、障害学の社会モデルの視点から科学技術について次のように述べている。

耳の聞こえにくい人を対象とした人工内耳の埋め込み手術が個人モデルの支援工学だとすれば、「聞こえにくい」という問題に対する社会モデルの技術解決についても考えてみてほしい。例えば、手話を動画カメラで撮影して、これを音声情報や文字情報に瞬時に変換することができれば、耳が聞こえにくい人のメッセージが耳の聞こえる人にも伝わるはずだ。また、このプログラムを逆にすれば、私たちの話し言葉が瞬時に動画の手話に変換されて、耳が聞こえにくい人にメッセージを伝えることができる。もしもこのような音声情報と手話との自動翻訳機が開発されたら、音声言語の習得を目的として人工内耳を選択する親の数は減少するかもしれない（すぎの 2014: 4-5）。

ここで例としてあげられている自動翻訳機の性能にはまだ限界がある。ただ、聞こえないことをできるだけ聞こえるようにする方法だけでなく、聞こえない・聞こえにくいことにたいする社会のありかたを変えるという方法もあるのである。このような視点からみると、手話言語の社会的地位が高くなり、手話言語をもちいることにバリアがなくなければ、聞こえない・聞こえにくいことにたいする意味も変わるといえるだろう。

4. 医療偏重がろう教育にもたらしているもの

　ここでは、聴覚障害の早期診断・早期療育の医療化がろう教育をどのように規定しているかについて述べる。

4.1. 手話の習得・伝承・維持という問題
　音声言語とは異なり、手話の習得を家庭で行うことはむずかしい。ろう児がろう者の親のもとに生まれそのままその家庭で養育されれば、手話を習得できる。しかし、聞こえない・聞こえにくい子どもの多くは聞こえる親をもつ。手話言語を話す言語的少数者としてのろう者の多くはろう学校において手話にアクセスする。ろう児が集まっているろう学校という空間は、手話言

表4　聴覚障害児童生徒の在籍者数の推移

年度	ろう学校				小学校・中学校			
	幼稚部	小学部	中学部	高等部	難聴（小）	通級（小）	難聴（中）	通級（中）
1978	2,034	4,081	2,779	3,499	1,513		427	
1982	2,171	3,150	2,173	3,292	1,580		435	
1986	1,740	2,865	1,663	2,820	1,349		472	
1990	1,531	2,456	1,748	2,434	1,038		450	
1994	1,374	2,488	1,255	2,440	911	1,029	312	108
1997	1,402	2,193	1,222	2,009	714	1,234	320	169
2001	1,410	2,055	1,383	1,871	762	1,325	347	285
2006	1,263	2,210	1,279	1,792	822	1,495	354	282
2010	1,171	2,076	1,308	1,735	926	1,646	336	337
2014	1,234	2,134	1,281	1,751	1,029	1,796	410	2,181

出所：1978年～2006年の在籍数は、独立行政法人国立特別支援教育総合研究所の「聴覚障害児童生徒の在籍数の推移」[19] より関連箇所を抜粋して作成。2010年の在籍数は文部科学省「特別支援教育資料」（平成22年度）より関連箇所を抜粋して作成。2014年の在籍数は、文部科学省「特別支援教育資料」（平成24年度）より関連箇所を抜粋して作成

語の習得、伝承、維持において重要な役割をはたしてきた。授業のなかで手話の使用が禁じられ、厳しい口話教育のろう学校のなかでも、ろう児の世界では手話が使用されてきた（きむら 2001）。また、そのなかでろう学校の寄宿舎は、相対的に聴者の関与がすくないことから、ろう文化を習得する場として重要な位置をしめてきた。

　ろう児の手話へのアクセスという観点から、聴覚を活用することを前提とした医療の介入が教育の場にどのような結果をもたらしているのかを確認する。

　まず、近年では普通学校に在学する聴覚障害児が増えている。文部科学省のろう学校と普通学校に在学している聴覚障害児の在学数を示すと表4のようになる。

　ろう学校の幼稚部の在籍数が減少している一方、小学校の難聴学級や通級による指導を受けている子どもは増えている。鳥越隆士は、難聴学級あるいは通級による指導を受けず、通常学級で支援を受けていない聴覚障害児も含まれていることを考えると、普通学校（通常の学校）に在籍している聴覚障害児は増えると指摘している（とりごえ 2016: 84）。このような状況は、鳥越隆士が指摘しているように「通常の学校も聴覚障害児教育の重要な場である

こと」を示している（とりごえ 2016: 84）。そのなかで普通学校に在籍している聞こえない・聞こえにくい子どもの情報保障や教育的支援などが重要な課題になっている。鳥越は、そのような課題を改善するためには「手話が有効」であり、「実際に難聴学級等で、手話に取り組むところも増えてきて」いると述べている（とりごえ 2016: 84-85）。ただし、普通学校に在籍しながら、手話にアクセスすることにはまだ限界がある。他方で、ろう学校よりも普通学校に在籍している聞こえない・聞こえにくい子どもが増えていることは、ろう学校をとおして手話にアクセスする子どもが減少していることでもある。特に、聴覚障害の早期診断・早期療育の医療化は、このような状況をより加速させているといってよい。たとえば、新生児聴覚スクリーニングが導入された岡山県の場合、就学前難聴児は難聴幼児通園施設にかようシステムになっている。菅谷明子と福島邦博によると、2003年度から2012年度の過去10年間、その通園施設を卒園した子どもの97名のうち、87名が県内の小学校に進学したという（すがや、ふくしま 2014: 107-108）。

また、手話の習得・伝承において重要な役割をはたしてきたろう学校の寄宿舎も減少している。ろう学校の寄宿舎では、ろうの先輩からろうの後輩へ、ろう児の同士の間で、手話とろう文化が伝承されてきた。大泉溥（おおいずみ・ひろし）によれば、1970年のろう学校数は102校であり、寄宿舎の入舎人数は、4839名であった。1979年にはろう学校数は101校であり、寄宿舎の入舎人数は、2506人であった（おおいずみ 1981: 10）。また、1980年の段階での全国のろう学校数は101校（分校9を除く）であり、そのうち寄宿舎があるろう学校は85学校で、ろう学校寄宿舎併設率は84.2%であった（おおいずみ 1981: 5）。全国特別支援学校長会による『全国特別支援学校実態調査』（2012年4月1日現在）に記載されているろう学校数は106校（分校9を含む）である（全国特別支援学校長会編 2013）[20]。そのうち、寄宿舎を併設しているろう学校は68校である。2012年のろう学校寄宿舎併設率は64.2%である。寄宿舎が併設されているろう学校のうち、寄宿舎の入舎者数が10人以下のろう学校が38.2%である[21]。

聞こえない・聞こえにくい人にたいする医療の介入は、障害者と健常者が一緒に学ぶことを実現するインクルーシブ教育と深く関係している。その結

果、聞こえない・聞こえにくい人の手話にアクセスする権利、手話やろう文化を習得する権利が十分に保障されない問題が今なお生じているのである。

4.2.「聴覚」を支援する学校

ここでは、ろう学校において聴覚障害の早期診断・早期療育の医療化がどのような影響をもたらしているかについて述べる。ろう学校に在籍しているコミュニケーションの状況を確認したうえで、ろう学校における聴覚活用について述べる。

まず、全国ろう学校長会による2013年度の人工内耳をつけている児童・生徒数をみてみよう（表5）。

2013年度のろう学校の在籍数は6177名であり、ほかの障害を重複にもっている重複ろう児は全体の15～20％程度である。原田公人（はらだ・きみひと）によると「人工内耳装用者数は毎年増加」しているという（はらだ2014: 112）。人工内耳をつけている聞こえない・聞こえにくい子どもの割合は20％をこえている。特に幼稚部や小学部での在籍率は25～30％となって

表5　人工内耳をつけている児童・生徒数

2013年度幼児・児童生徒数状況内訳（早期～小学部）

	早期				幼稚部				小学部						
	0	1	2	小計	1	2	3	小計	1	2	3	4	5	6	小計
総数	121	322	403	846	376	432	379	1,187	311	324	347	327	345	348	2,002
人工内耳数	1	26	57	84	111	123	125	357	93	88	103	72	84	77	517
重複内数	0	0	0	0	19	25	24	68	63	71	63	80	71	87	435

2013年度幼児・児童生徒数状況内訳（中学部～高等部専攻科）

	早期				幼稚部				小学部				合計
	0	1	2	小計	1	2	3	小計	1	2	3	小計	
総数	393	445	430	1,268	554	478	445	1,477	117	118	8	243	6,177
人工内耳数	76	100	52	228	72	59	33	164	13	8	1	22	1,374
重複内数	73	91	75	239	85	70	72	227	0	0	0	0	969

出所：全国ろう学校長会編2013『聴覚障害教育の現状と課題』より（はらだ（2014: 112）より再引用）

いる。原田によると、「学級の児童がすべて人工内耳を装用している事例もある」という（同上）。

　人工内耳をつけているろう児が増加しているということは、聴覚を活用する子どもが増えているということである。そのようななか、人工内耳や補聴器の効果があまりなく、幼い頃から、ろう学校に在籍しながら、手話を第一言語とするろう児がいる。手話を第一言語とするろう児のなかには、保護者がろう者であるデフファミリーの子どももいる。人工内耳が活用されている程度にもバラつきがある。さらに、ろう学校には普通学校から転学してきた子どもがいる。その場合、手話がわからない可能性が高い。

　このような状況のなか、公立ろう学校の教師は、子どもの状態に応じてさまざまなコミュニケーションの方法を使用している。たとえば、読話、発音・発語、補聴器や人工内耳による聴覚活用を行う聴覚口話法、音声と手話の兼用、日本手話などがある。ただ、そのなかでももっとも高い割合を占めているのは、音声と手話を兼用する方法である（あがつま 2008b）。聴覚を活用する子どもが多く在籍していることから、ろう学校の教師は手話を用いる場合でも「声を出す」ことが必要とされている。

　一方で、聴覚活用がより注目されている。日本のほとんどのろう学校には「聴覚検査室」という空間が設置されている。ろう学校では、すべてのろう児を対象とした聴力検査を定期的に実施されてきた。「聴覚検査室」では、聴力検査によって補聴器の点検などが実施されてきた。近年では聴力検査によって人工内耳などの状態をチェックしている。原田によると、現在ほとんどのろう学校では、「FMや赤外補聴システム、ループシステム、集団補聴システムなど聴覚が活用できるための施設や環境を設備している」という（はらだ 2014: 112)[22]。このような設備は「聴能を育てるための環境整備」の一環として位置づけられている。教師は日ごろ聞こえない・聞こえにくい子どもの聴覚に注目し、たとえば、ろう児の補聴器や人工内耳に不具合が生じていないかどうかを確認することが必要とされている。

　そのようなろう学校でろうの教師が勤務している場合、ろう者教師も口話と手話を兼用せざるをえなくなる。また、聴覚を活用することがより重視されているろう学校のなかで、手話を使用しているろう児はみずからの能力を

十分に発揮できないか、能力がないようにみなされてしまう可能性がある。また、ろうの教師は、聴覚の活用ができないことから、ろう児を指導できない先生とみなされてしまう恐れがある。

　聞こえない・聞こえにくい人にとって、音声言語よりも視覚言語がよりアクセスしやすいということが、ろう学校という教育の場では、みおとされているのではないだろうか。ろう学校では聴覚を活かすことに価値がおかれ、手話が口話のそえもののようにされているのではないだろうか。まさに、ろう学校は、聴覚支援学校という名前のとおりに、聴覚を支援する学校になっているのである。

5．おわりに

　本章では、聴覚障害の早期診断・早期療育の現状を確認し、聴覚活用を前提とした医療行為がろう教育をどのように規定しているかについて確認した。
　2010年にカナダのバンクーバーで開かれた第21回国際ろう教育会議（ICED）では、ろう教育から手話の使用を禁じた1880年のミラノ会議の決議がしりぞけられた。第21回国際ろう教育会議（ICED）の声明では、手話を「多数派である聴者の言語と平等に取り扱うことを、すべての国家に要求すること」、「ろうであることが確認されたすべての幼児を、早期教育による支援のため、地域や全国のろう者組織、ろう者のための学校やプログラムに託すよう、すべての国家に要求する」ことなどが決議された[23]。また、2014年1月に日本政府も批准した障害者権利条約の第24条「教育」において、「手話の習得及び聾社会の言語的な同一性の促進を容易にする」ための適切な措置をとることが必要であるとされている[24]。
　その背景には、聴覚障害の早期診断・早期療育の医療化によって、ろう者の手話にたいする権利が侵害されている状況がより強化されていることがある。たとえば、かつて、バイリンガルろう教育を実施している国として知られていたデンマークは、人工内耳の普及によってその状況が逆転した。
　聴覚障害の早期診断・早期療育が、聞こえない・聞こえにくい人を治療やリハビリテーションの対象とし、聞こえない・聞こえにくいことを聞こえる

ようにさせるための取り組みであれば、その医療行為は身体の優劣を論じる「優生思想」につながる可能性があるのではないだろうか。

　聴覚障害の早期診断・早期療育の場におけるすべての医療行為は、保護者の同意のもとで行われている。しかし、聞こえない・聞こえにくい子どもの保護者には、医療側の情報ばかりが提供される傾向がある。インターネットの普及によって、保護者みずからが情報収集を行う「情報の自由化」が起こっているという意見もある（かなざわ 2012）。現状はどうなっているのだろうか。たしかに、インターネットの普及によって、人工内耳以外に手話にかんする情報を得る保護者もいる。ただ、現状では日本手話によるろう教育を選択する保護者は例外的な存在になっているといえる。聞こえない・聞こえにくいより聞こえたほうがよいとする価値観がいまだに支配的である。聴覚障害の早期診断・早期療育の現場にたずさわっている人の多くは聴者である。そのなかで保護者は、自らの子どもの言語を選択しなければならないという重い負担を背負っている。

　本章の冒頭で言及した木村と市田の「ろう文化宣言」のなかでは、次のような主張がある。

　　中途失聴者と違って、先天性のろう者にとって「ろう」は突然ふってわいた災難ではない。「ろう」は生まれ落ちた時からずっと自分自身の一部なのであり、まさに「自分自身であることの証し」である。そうした人にとって、「ろう」は決して治療すべき「障害」ではない（きむら、いちだ 1996=2000: 12）。

　社会統合・参加の名の下に主流言語の習得だけが進められていることは、少数言語そのものを社会統合の阻害要因としてとらえる価値観、つまり少数言語そのものを「問題としての言語」と捉える価値観である（やしろ 1994: 112）。「各民族の言語は、文化的に等価であり、人類のかけがえのない共同財産である」という考え方がある（同上: 113）。少数言語を「文化的資源としての言語」として捉える認識である。これについて、八代京子（やしろ・きょうこ）は「共通語の必要性を過小評価するものではない。（略）あくまで

も単一言語ではなく、帰属語と共通語を機能的に活用できる多言語話者を肯定的に評価する認識である」と述べている（同上：114）。八代は、その認識に立つとき、少数言語の公的権利を認めるだけでなく、少数言語で「知的創造活動がおこなわれることにより、人類の文明に他の言語とは異なる貢献ができることになる」と主張している（同上）。

　ろう者の場合、人工内耳などをつけた場合であっても、聴者に同化することは、音声言語話者の場合に比べては困難であるとされてきた（きむら 2008）。しかし、人工内耳を含んだ科学の進歩によって、専門家ではない聴者がみると人工内耳をつけているかどうかがわからないほど音声言語を話す人もいる。一部の成功例であるといってもその成功例が増えていることは否定できない。しかし、それは言語発達上の制約がないという意味ではない。また、情報保障において問題がないという意味でもない。ただ、それより重要なのは、音声言語を身につけるべきだとする価値観によって、その負担を聞こえない・聞こえにくい人が背負っていることである。その負担のなかには亀井伸孝が指摘したように、「身体的な苦痛をもたらす」ものも含まれている（かめい 2004: 144）。

　聞こえない・聞こえにくい人には手話にアクセスする権利があるのではないだろうか。なぜなら、第一に、ろう者のコミュニティには文化がある。それをろう文化という。ろう者のコミュニティでは手話が使われてきた。それを否定し、その価値をおとしめることは差別である。第二に、聞こえない・聞こえにくい人にとっては、手話のほうが明確に「みえる」という意味で、わかりやすく習得しやすいメディアである。聞こえない・聞こえにくい音声言語を身につけるべきだとされるなら、その人は絶えず不利な状況におかれることになる。亀井が指摘したように「ろう者と聴者は身体が違い、それぞれに適した言語があるということを、素直に認める」必要がある（かめい 2009: 191）。

［注］
1　サラマンカ宣言 http://www.dove.co.jp/sumomo/siryou_folder/Salamanca.html
2　新生児聴覚スクリーニング以外の早期発見・早期支援の体制として、母子手帳等による保

護者の聴力チェックという方法もある（はやし 2012: 336）。
3　公益社団法人「新生児聴覚スクリーニングマニュアル」http://www.jaog.or.jp/sep2012/JAPANESE/jigyo/JYOSEI/shinseiji_html/shi-3.html
4　National Institute of Health（NIH）は米国の国立保健研究所を意味する。NICU は新生児集中治療室のことである。
5　厚生科学研究費補助金（子ども家庭総合研究事業）「全出生児を対象とした新生児聴覚スクリーニングの有効な方法及びフォローアップ、家族支援に関する研究」班　作成 http://www.wam.go.jp/wamappl/bb15GS60.nsf/0/49256fe9001ad94349256ce5000b7b3d/$FILE/boshihoken_2_1.pdf
6　新生児聴覚スクリーニング検査導入をめぐる当時の議論については、新生児聴覚スクリーニング検査を考えるシンポジウム記録資料集・編集委員会編（2003a、2003b）がくわしい。
7　人工内耳の仕組みについては、日本耳鼻咽喉科学会の説明がわかりやすい。http://www.jibika.or.jp/citizens/hochouki/naiji.html
　　日本における人工内耳の現状については、森尚彫（もり・なおえ）（2015）が詳しい。人工内耳にたいする詳細な流れについては、田中多賀子（たなか・たかこ）が作成した年表を参照されたい。http://www.arsvi.com/d/ci.htm
8　河野は、リハビリ体制の不十分さによるものであると解釈している（かわの 2015）。日本の聴覚障害者教育における人工内耳の受けとめ方の変遷については、田中多賀子（たなか・たかこ）（2013）が詳しい。
9　森尚彫（もり・なおえ）によれば、ドイツやオーストラリアは、生後 6 カ月位を、アメリカやオーストラリアなどでは 1 歳を最小年齢として手術が行われているという。1 歳児の平均体重は 10kg であるという（もり 2015）。
10　信州大学医学部　耳鼻咽喉科学講座（閲覧日：2015 年 7 月 3 日）
　　http://www.shinshu-jibi.jp/specialty/specialty01
　　先天性難聴の遺伝子検査にかかる費用は、3 万 8800 円（依頼者負担額 3 割負担の場合 1640 円）で、遺伝カウンセリングの費用は 5000 円（依頼者負担額 3 割負担の場合 1500 円）であるという。信州大学医学部　耳鼻咽喉科学講座「難聴の遺伝学的検査の説明書」（閲覧日：2016 年 2 月 22 日）
　　http://www.shinshu-jibi.jp/wp/wp-content/themes/shinshu-ibi/img/specialty/leaflet.pdf
11　注 10 に同じ。
12　日本における先天性難聴遺伝子検査は小児への人工内耳の適用と密接につながっているといえる。「2014 年に改定された小児人工内耳適応基準の中で、適応の医学的条件の 1 つとして、難聴遺伝子変異を有すること」が入るようになったのは、日本人の難聴者に「高頻度で見出される」遺伝子が音を感じる内耳の働きに影響を与えることが「判明」したため、その「治療法」として「人工内耳が有用」であるとされたからである（日本デジタルヘルス新聞 2015 年 9 月 16 日）。
13　信州大学医学部　耳鼻咽喉科学講座「難聴の遺伝学的検査の説明書」（閲覧日：2016 年 2 月 22 日）
　　http://www.shinshu-jibi.jp/wp/wp-content/themes/shinshu-jibi/img/specialty/leaflet.pdf
14　益田（ますだ）（2000）、松原（まつばら）（2003a; 2003b）、大塚（おおつか）（2013）を参照。
15　財団法人全日本ろうあ連盟による「『新生児聴覚検査事業の手引き』作成に関わる要望」（2002 年 9 月 25 日）、「障害児支援の在り方に関する意見」（2014 年 5 月 30 日）などがある。

16　聴覚・視覚障害者を対象とする筑波技術大学では、ろう者学教育コンテンツ開発プロジェクトを運営している。http://www.deafstudies.jp/info/gaiyo.html
　　Dプロも定期的にろう者学セミナーを運営している。
　　http://www.d-pro.net/
17　ハーラン・レイン（Harlan Lane）の「オーディズム（聴能主義）」にかんする定義はLane1992=2007: 75 を参照すること。レインの著書『善意の仮面』にかんしては、冨田（とみた）（2008）の書評がくわしい。
18　Gallaudet University Library What is Audism?
　　http://libguides.gallaudet.edu/content.php?pid=114455&sid=989739
19　独立行政法人国立特別支援教育総合研究所の「聴覚障害児童生徒の在籍数の推移」http://www.nise.go.jp/cms/13,0,44,172.html（閲覧日：2016年2月25日）
20　106校というろう学校数は、全国特別支援学校長会に登録しているろう学校の数字である。2012年度、文部科学省の聴覚障害のみを対象とするろう学校は91校であり、聴覚障害を含む複数の障害種を対象としているろう学校は120校である（文部科学省「特別支援教育資料（平成24年度）」）。
21　全国特別支援学校長会による『全国特別支援学校実態調査』（2012年4月1日現在）に記載されているろう学校の基本情報から、引用者が集計した数字である。
22　FM補聴システムは、話し手の声を送信マイクからFM電波で飛ばして、ろう児の補聴器や人工内耳などに直接届けるシステムである。FM補聴システムは、送信マイク以外の周囲の雑音は排除されるので、教師の声をよりクリアに聞くことができる。FM補聴システム残存聴力がある人には有効で・必要な情報保障ツールである。
23　第21回国際ろう教育会議カナダ・バンクーバー 2010声明の英文
　　http://www.nad.org/sites/default/files/2010/July/ICEDNewEraVancouver2010.pdf
　　この声明に署名したのは、ICED 2010バンクーバー実行委員会 議長、ブリティッシュ・コロンビア州ろうコミュニティ代表、カナダろう協会代表、世界ろう連盟 理事長である。その声明は、世界ろう連盟に加盟している財団法人全日本ろうあ連盟により訳された。声明日本語訳（財団法人全日本ろうあ連盟）。
　　　http://www.mext.go.jp/component/b_menu/shingi/giji/__icsFiles/afieldfile/2010/09/08/1297399_1.pdf
24　外務省「障害者の権利に関する条約障害者の権利に関する条約（略称：障害者権利条約）」
　　http://www.mofa.go.jp/mofaj/gaiko/jinken/index_shogaisha.html
　　条文 www.mofa.go.jp/mofaj/files/000018093.pdf

第6章

バイリンガルろう教育の再検討
―― 日本語能力主義をこえて

1. はじめに

　日本語の読み書きは、教科教育、進学、就職など日常生活のさまざまな社会領域でもちいられている。とくに、インターネットや筆談でも文字が使用される。そのようなツールはろう者にとって、情報保障やコミュニケーション手段でもある（よっかいち 2009: 91-94）。

　ろう者の多くは、日本手話と日本語の二言語話者である。日本手話と日本語は異なることばである。ろう者の日本語の能力には個人差がある（いちだ 2005）。言語的マイノリティであるろう者は、主流言語を学ぶことがもとめられている。日本手話がわからないことが問題にされない日本語の母語話者とは置かれている状況が異なる（イ 2006、きむら・ごろうくりすとふ 2008）。

　明晴学園による日本手話と日本語の読み書きによるろう教育は、日本初の取り組みである[1]。そのため、社会から高い関心がよせられている。とくにろう教育にたずさわっている人々の関心が高まっている。たとえば、日本手話によるろう教育によって、これまでの日本語指導よりも、日本語の読み書き能力が高まるのであれば、その方法を学びたいという声もある（たとえば、わきなか 2009: 64）。さらに、ろう者コミュニティからの関心も高い。口話教育を受け十分に学ぶことができなかったろう者がいる。ろう者のなかには学力がのびず、進学や就職などで不利を受けてきた人も少なくない。このように、日本手話と日本語の読み書きによる二言語教育においては日本語の読み書きをどのように位置づけるかが重要な課題となっている。

　明晴学園は、音声言語が圧倒的な力をもっている聴者中心の社会で、手話

を話すろう者として生きていくために、ろう者の手話やろう文化を基盤として、日本語の読み書きや聴文化を学ぶというバイリンガル・バイカルチュラルろう教育をめざしてきた。ろう文化を否定しない教育実践は、しかし、この社会、聴者中心の社会のなかで行われる。そのため、支配言語の読み書きという、ろう者にとっては「簡単なこと」とはいえないものが課されてしまう。このような、ろう者と聴者の不平等な関係性と日本語至上主義の問題は、ろう教育について考えるうえで避けてとおれない論点である。

　本章では、言語権の視点から、日本語の読み書きに焦点をあてる。言語権は、「主に言語的少数者に関する権利」としてとらえられてきた（きむら・ごろうくりすとふ 2011: 13）。言語的マイノリティであるろう者は、二つの言語問題をかかえている。一つは、ろう者同士のあいだで使用される言語の使用という問題である。もう一つは主流言語である日本語の学習にかかわる問題である。言語権といってもそれを論じる立場によってその内容が異なる。木村護郎クリストフ（きむら・ごろうくりすとふ）は、「言語権の主体が『言語』ではなく『人間』だということ」を強調している（きむら・ごろうくりすとふ 2011: 13）。木村によれば、言語権は「言語の問題」と「権利の問題」にわけることができるという（きむら 2010）。本章では、「権利の問題」としてろう者の二言語教育をとりあげる。「権利の問題」とは「その言語を使用する人の権利」を意味する。すなわち本章では、日本手話を使用する人の権利という視点から、主流言語である日本語の学習・習得にかかわる問題に焦点をあて、日本手話と日本語の読み書きによる二言語教育のありかたを再検討する。

2. ろう教育における日本語指導

　日本手話と日本語の読み書きによる二言語教育は、従来のろう教育における日本語中心主義を批判しながら登場した。ここでは、ろう教育において日本語指導がどのように語られてきたのかを確認する。本節では、主に聴覚口話法による日本語指導を取り上げる[2]。

2.1. ろう教育の専門家からみたろう児の日本語の読み書き能力

聴覚障害児の読み書きをとりあげた先行研究は多数ある。ここでは、主に四日市章（よっかいち・あきら）編著の『リテラシーと聴覚障害』（よっかいち編著 2009）の主張を確認する。

四日市は、これまでろう教育分野で行われてきた「聴覚障害児の読み書き能力に関する研究」を、「語彙能力」「読み能力」「読み能力と認知的な能力」「書きことばの能力」にわけてまとめている（よっかいち 2009: 94-103）。その先行研究の多くは、聴覚障害児の読み書き能力と聴児の読み書き能力を比較して、聴児の読み書き能力よりも聴覚障害児の読み書き能力がどの程度おくれているかを論じる傾向がある。また、中山哲志（なかやま・さとし）は、「聴覚障害児の書きことばの習得」について次のように述べている。

> 聴覚障害児の書きことばの習得に関する読書力検査などの結果は、個人差は認められるものの、おおむね健聴児よりも低い結果が報告されている。下記項目では「読字力」は比較的良い結果であるが、「語彙力」や「文法力」での成績が低く、具体的な内容から抽象的なものに内容が変わるにつれて、読解できない傾向が顕著になっている。こうした傾向に関係するが、たとえば「机の上に本があります」という文を読ませて絵を描かせたり、犬が猫を追いかけている絵を見せて、それに合う正しい文を選択させる課題で、ろう学校の子どもたちは誤った理解を示すことが多い。ろう学校の子どもたちにとって書きことばの習得がどんなに困難であるのかを、聴覚障害教育に携わる教師や関係者たちは痛感している。「理解語彙が不足しているので、簡単な文でも読解ができない」「作文を書くと、助詞や動詞の活用など文法上の誤りが多く、読み手に意味が正確に伝わらない」など、書きことばの習得の困難さを指摘する声は、聴覚障害教育のなかで絶えずくりかえされてきた（なかやま 2009: 104）。

このように、聴覚障害児は読み書きにおいてさまざまな困難があると記述されている。同様の言及は我妻敏博（あがつま・としひろ）（2011）にもみられる。我妻は、聴覚障害児の日本語の読み書き（文理解）の特徴について、

「(略) 聴覚障害児の文理解に関しては前述の語彙の不足に加えて文法的知識の不完全さがあり、同年齢の健聴児に比べて文の理解能力が低い子どもが多い」と述べている (あがつま 2011: 122)。

2.2. 聴能主義と日本語指導

これまでろう教育（主に聴覚口話法）においては、ろう児に読み書き能力を「習得」させるためには、「文字表記と音韻の対応規則」を理解させる必要があるとされてきた。たとえば、長南浩人（ちょうなん・ひろひと）と齋藤佐和（さいとう・さわ）は「子どもが正しく読み書きできるようになるには、文字表記と音韻の対応規則を理解しなければならず、このためには連続的に表現される話しことばを音節や音素単位で分節的にとらえ、その音韻的側面を分析できる能力が必要となる」と述べている（ちょうなん、さいとう 2007: 283）。このような能力は「音韻意識」と呼ばれている[3]。

音韻意識をそだてる方法として、口話、読話、聴覚活用だけでなく、口形、キュード・スピーチ（キューサイン）、指文字などが使用されている。関東地区聾教育研究会編 (2002) は、キュード・スピーチについて、「この方法は、幼稚部・小学部で用いられる場合が多く、母音は5つの口形のちがいで弁別し、子音をキューで表して読み取る方式をとる。五十音の各行に対応して、一つのキューが用いられる」と説明している（関東地区聾教育研究会編 2002: 33）。キュー (cue) は、「手がかりや合図」という意味である（あがつま 2011: 52）。キュード・スピーチは、「読話の曖昧さ」と聴覚障害児の「発話の不明瞭さ」を「補う方法である」（あがつま 2011: 52）。聴覚を活用することがより期待されている近年では、コミュニケーションをはかるということよりも、日本語の音韻を「視覚化」し、音韻意識をそだてることで、日本語の読み書き能力を高める方法として使用されている。指文字の活用は、手話を第一言語とするろう児に日本語指導をする時によく使用される方法である。広中嘉隆は、「手話を第一言語として獲得した子どもたちにとって、視覚的に最初に出会う日本語的なものは指文字である」と述べている（ひろなか 2012: 164）。日本語の音韻と指文字を「対応」させることで、音韻意識をそだてるという（ひろなか 2012: 164-165）[4]。

近年では、補聴器の性能改善や人工内耳など直接聴覚を活用して、音韻意識を育てることがより注目されている（ちょうなん、さいとう 2007）。長南浩人（ちょうなん・ひろひと）は、「音韻意識と読みの発達」というタイトルのコラムにおいて近年の状況について次のように述べている。

　　近年、聴覚補償に関する機器の技術進歩が目覚しく、新しい機器を装用した聴覚障害児の音韻意識の実態に関心がもたれている。早期から聴覚を活用した聴覚障害児は、小学校低学年までに直音[5)]の音節分解が可能となり、このことが、読みの力の獲得に有効に働くこと、また人工内耳装用児は、補聴器装用児よりも直音の分解における正反応率が高いということも示されている。音韻意識は主に聴知覚能力を利用した発達早期の言語活動によって形成されることから、新たな機器の装用による聞こえの改善が、音韻意識の発達にも関連すると考えられる。聴覚障害児の音韻意識の獲得における聴覚活用の重要性が、改めて示されているといえるであろう（齋藤 1978; 長南・齋藤 2007 を参照）。（ちょうなん 2009: 95）

　聴覚障害児に読み書き指導を行うためには、聴覚活用が必要であり、できるだけ早期から聴覚の活用ができたほうがよいという考えが普及されつつあるといえる。

3.　識字研究からみた日本語指導

　四日市は、「一方、聴覚障害児は日本語能力の習得に多くの困難をもってはいるが、彼らはそれぞれの発達の時点で獲得した日本語を駆使して、知識を学び、日常生活を有意義に過ごしている」と述べている（よっかいち 2009: 103）。そうであるなら、なぜ日本語の母語話者である聴者にちかづけるための聴能主義ともいえる指導が行われてきたのだろうか。また、なぜ、聴児との比較によって聴覚障害児の読み書き能力が論じられてきたのだろうか。これまでのろう教育における読み書き論は、聴者なみの読み書き能力を必ず獲得しなければならない目標として設定してきたのではないだろうか。これは

一種の規範である。以下では、識字研究の議論を参照し、ろう教育における識字イデオロギーを検討してみたい。

　角知行（すみ・ともゆき）によれば、日本では、「日本人の識字率が『99％』であり非識字者はほとんどいないという説は、ひろく信じられてきた」という（すみ 2010: 159）。角はそのような説の根拠としてよくもちいられてきた「日本人の読み書き能力調査」（1948年）を再検討し、新聞などが読めない人がかなりいたことや障害者や外国人は調査対象者から排除されていたことなどを指摘し、「識字率99％」の虚構について明らかにした。また、あべ・やすしは、「識字率99％」という数字には「あたかも全体の99％のひとが『均一的なよみかき能力』をもっているかのような印象」をあたえること、「1％のひとをのぞけば、だれもよみかきに『問題』をかかえていないかのようにとらえられる」などの問題があると指摘した（あべ 2010: 92）。このようにだれでも読み書きできるという思いこみが強い社会では、できるできないことをもって単純に二分化されてしまう。できるとされている人々のなかにある識字能力のバリエーションやできないとされている人々のなかにある識字能力のバリエーションが不可視化されてしまうおそれがある。四日市もみとめたようにろう者の多くは日常生活のなかでそれぞれの識字能力を駆使しながら生活している。ただ、社会生活において困難がないということではない。また、ろう者の識字能力には個人差がある（よっかいち 2009: 102）。市田泰弘（いちだ・やすひろ）は手話通訳者にもとめられる能力について次のように述べている。

　　言語的バックグラウンドの違いは、通訳に対するニューズの違いにつながる。ろう者は基本的には日本語とのバイリンガルであるが、日本語の能力は個人差が大きい。逆に、中途失聴者、難聴者の場合は、手話の能力の個人差が大きく、手話を日本語の視覚的補助手段として用いる場合も多い。不就学ろう者は、日本語も手話も十分な能力をもっていない。そのため、手話通訳者は、対象となる聴覚障害者の日本語と手話の能力とその使用について正確に把握し、適切な通訳を行う必要がある。その前提として手話通訳者には、対象者の日本語能力に依存することなく、日本手話だけ

でコミュニケーションできる能力が要求される。不就学ろう者に対しては、身振りなど言語外の視覚的手段を駆使する必要もある（いちだ 2005: 156-157）。

　近年、情報保障にたいする社会の理解がたかまり、病院、交通手段、行政などで聞こえない・聞こえにくい人に「筆談で対応します」いう案内を掲示するようになった。ただ、筆談は万能ではなく、手話での対応が必要になる場合もおおい。しかし、識字能力をもつことが当然視されてしまうと、日本手話という言語を使用している人の手話をつかう権利（言語権）が十分に保障されなくなる。だれでも読み書きができるという思いこみが強ければ強いほど、ろう者には高い読み書き能力がもとめられ、そのプロセスのなかで、自らのことばである手話言語を使用する権利が保障されないという二重の負担を背負うことになる。
　日本手話を母語とするろう者と日本語を母語とする聴者の読み書き能力を同じレベルにしようとすることは、その背景にある言語のちがいやその言語的背景を否定することである。聴者の読み書き能力という基準は、到達すべき一つの規範になっている。学校教育であるかぎり、到達目標を立てる必要があることは否定できない。ただ、そのモデル設定のもつ政治性がみおとされているとき、そのモデルに到達することが困難な個々人の可能性や能力は否定的に評価されてしまう。たとえば、リリアン・テルミ・ハタノは、在日外国人の子どもを対象とした日本語教育について、「『正しい日本語』の習得を追及することは、いつまで経っても『ネイティブ』のような日本語力にはたどり着けず『不完全な日本語』を話す人たちを多く生み出すことになる」と指摘している（ハタノ 2011: 70）。全国聾学校作文コンクールでは、応募作品を対象として「赤ペン」を入れる。全国聾学校作文コンクール調査研究委員会は、「赤ペン」を入れる目的について次のように述べている。「聾学校の子どもたちが書く作文は、誤字、脱字、言葉の誤りなどが多い。したがって、これらを正しく、指導の手を入れるのは当然のことである」（全国聾学校作文コンクール調査研究委員会 2014: 33）。ろう児を対象とした作文コンテストでは、内容よりも、ことばの正しさが重要視される傾向がある。

4. 社会言語学からみた日本語指導
――だれのためのバイリンガル教育なのか

　日本手話と日本語の読み書きによる二言語教育は、これまで聴者中心の価値観によって構築されてきたろう教育から脱却し、ろう者のことばと文化を尊重する教育空間をつくりだした。また、言語は日常生活と密接にからんでいることから、ろう文化と聴文化をともに重視する二文化教育をめざしている。たとえば、手話の学校である明晴学園は、二言語・二文化によるろう教育を図4のようにしめしている。

　明晴学園は、自らがめざしている二言語二文化教育を、次のように定義している。

　　第一言語としての日本手話による教育を行い、日本手話を習得したうえ
　で、第二言語として日本語（書記日本語）の教育を行う。手話と日本語の

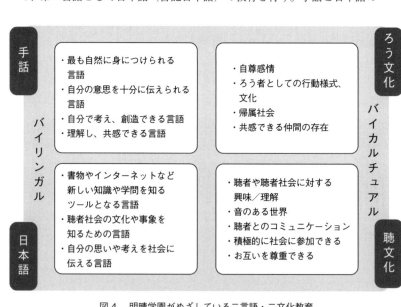

図4　明晴学園がめざしている二言語・二文化教育
出所：学校法人明晴学園（2014: 9）

二つの言語の習得を目標とする。
　また、ろう者としてのアイデンティティー（ろうである自分を肯定的に捉えられること）と行動様式を習得し、聴者の文化を学ぶことで、ろう者としての自分に自信を持つとともに、聴者の社会でも積極的に活動できる人材を育成する（学校法人明晴学園 2014: 10）。

さらに、教育目標のひとつとして「豊かな人間性・社会性をもち、多文化共生社会・国際社会に生きる人を育てる」という多文化共生教育をかかげている（学校法人明晴学園 2014: 10）。自分たちの母語だけでなく、日本語の読み書きを学ぶという二言語教育は、聴者とコミュニケーションするための橋渡しの道具であるといえる。しかし、現状はどのようになっているのだろうか。日本語の読み書きは、橋渡しの道具になれるのだろうか。なっているのだろうか。
　たとえば、菊池久一（きくち・きゅういち）は言語をコミュニケーションの道具としてとらえることについて次のように述べている。

　言語がコミュニケーションの道具・手段だと言われるとき、その思考の裏には、異なる言語を所有する者同士が共通の言語を用いることにより、新たなスピーチ・コミュニティーを建設することが可能だとの認識があるように思う。つまり、それぞれの異なるディスコースが存在するにもかかわらず、（そのそれぞれのディスコースに抑圧されない）共通のディスコースを共同でつくりだす可能性を意識した考え方である。しかし、差別的言動にみられるように、異なるディスコースはそれぞれの文化的背景を背負っているがゆえに、権力の強いディスコースが弱いディスコースを常に抑圧する。従って上述の共通の言語が、例えば一方の母語であるような場合、決して言語は純粋にコミュニケーションの道具になりえない。なぜならその言語はすでに背景に権力を秘めたディスコースを内蔵しているのであり、そこには新たなディスコースを協力して作りあげることは不可能だからである。規則性のあるルールは、（形式上）単に表面的にそのように見えるだけであり、実はそうしたルールが存在するのは、その「規範」的

ディスコースを、それを所有しない者に押し付けるという力学が存在するからである（きくち 1996=2000: 264-265）。

　これまでろう者のディスコース（言語上のコミュニケーションスタイル）と聴者のディスコースの間では主に日本語の音声がもちいられてきた。日本のバイリンガルろう教育においては、聴者の言語である音声日本語のかわりに日本手話と日本語の読み書きという橋渡しの手段がもちだされた。聞こえない・聞こえにくい身体をもつろう者にとって日本語の読み書きは、音声日本語にくらべれば比較的アクセスしやすい手段ではある。ただ、聞こえない・聞こえにくい側にとって日本語の読み書きを習得することはそれほど容易ではない。日本語の読み書きが聴者とろう者にとって共通の意思伝達方法であるとしても、ろう者の側に大きな負担がかかるのである。バイリンガルの橋をかけるのは、ろう者だけにもとめられることなのか。共生とは、マイノリティが歩みよることなのか。

　日本語の読み書きという橋渡しの手段は、多数派である日本語の母語話者にとって都合のよいものである。ここには、平等と分配という問題がある[6]。手話言語をはなすろう者と音声言語をはなす人がコミュニケーションをとる方法として、これまでは、ろう者を聴者にあわせるという、一方的な同化が当然視されてきた。聴者がろう者のことばである手話言語を学習し、手話を共通言語とする方法もあるのではないか。また、手話通訳制度をより充実化するという方法もあるだろう[7]。

5. 言語権からみたバイリンガルろう教育

　日本手話と日本語の読み書きによる二言語教育は、ろう児の母語の獲得とマジョリティのことばの学習・習得を同じく重視しようとする取り組みである。しかし社会は、多数派の言語である日本語の読み書き能力がどの程度習得できているのかに注目する傾向がある。とくに、ろう教育の専門家の最大の関心は日本語の読み書き能力である。日本語の読み書き能力をしめす「成果」として、「学年相応の学力が身につくことを、子どもたちの学力の実際

に関するデータ」を見たいという主張もある（わきなか 2009: 64）[8]）。また、ろう教育専門家の相澤宏光（あいざわ・ひろみつ）は、日本手話と日本語の読み書きによる二言語教育を次のように評価している。

 しかし、Bi-Bi 教育というものは、むしろ第一言語（手話言語）の保障に重点をおいている教育と捉えるべきではないだろうか。なぜなら、音声言語における通常のバイリンガル教育というものは、将来の第二言語習得を完全に約束するものではないからである（あいざわ 2009: 56）。

これまでのろう教育においてろう者のことばで学ぶ権利は否定されてきた。日本手話と日本語の読み書きによる二言語教育は、学校教育という場をとおして、日本手話を獲得できる環境を提供するという意味をもっている。ただ、言語権からみたバイリンガル教育は、二つの言語を同じ水準で使いこなすことを意味するのではない。

 バイリンガル教育においては、「年齢相応のレベルまで二言語が高度に発達している場合」を「バランス・バイリンガル」とよんでいる（なかじま 2016: 6）。しかし、このような言語理論を、ろう者の二言語教育にあてはめるのは妥当ではない。スザーン・ロメイン（Suzanne Romaine）は、「バランス・バイリンガル」という言語理論は、「言語理論にたいするイデオロギー的偏見を反映している」と指摘している（Romaine 1994=1997: 282）。スザーン・ロメインは、「バランス・バイリンガル」という理論に潜んでいる政治性について、次のように述べている。

 バイリンガリズムに関する研究の多くは、バランスのとれた 2 言語使用を、暗に「よい」バイリンガリズムとか、「完全な」バイリンガリズムととらえている。このバランスのとれたバイリンガリズムという概念は、ものさしのごとく使われ、そのものさしにあわないバイリンガリズムは、よくないとか、発達途上であるとかいう汚名をきせられてきたのだった。こうした用語の多くは、言語理論にたいするイデオロギー的偏見を反映している。この場合の言語理論は、西ヨーロッパやアメリカの言語共同体のモノリン

ガルな人の言語能力を理想化したものだけを念頭においている。このような言語共同体では、安定性と自立性が全体として高く、かなりコード化された標準語と規範的伝統とをもっているのである（Romaine 1994=1997: 282）。

つまり、日本手話と日本語の読み書きによる二言語教育を二つの言語を使いこなす教育としてとらえることは、日本語の母語話者の言語能力を理想化した考え方である。また、発達というのはプロセスであって、完成ではない。現段階の言語能力がどのように発達していくかを予測することは容易なことではない。

日本手話と日本語の読み書きという二言語教育において、言語発達は二つの言語が絡み合いながら相互作用しながら発達していく。佐々木倫子（ささき・みちこ）は、バイリンガルろう教育における留意点について次のように述べている。

> 従って、ろう児の日本語能力だけを取り出し、聴児と比較対照して、ろう児が劣っているなどとしてはならない。どれだけ日本手話での教科理解や言語能力の発達を促してきたかもあわせて見る必要がある。バイリンガルとしての教育と評価であるべきで、常に両言語を対象とした評価をおこなうこと、片方の発達が順調で、もう一方の発達が停滞してもあわてないこと、個人個人の発達の段階を重視すること、という三点に留意したい（ささき 2008: 167）。

このように、二つの言語発達の両面から、言語発達をみていく必要がある。その二つの言語から、一つの言語だけを切り取って、日本語の母語話者の言語能力と比較することは、あくまでも日本語のモノリンガルの考え方である。

ただ、日本手話と日本語の読み書きによる二言語教育において、日本語の読み書き能力を重視する考え方は、二言語教育を支持する側の主張にもみられる。たとえば、これまで聴覚口話法によるろう教育を鋭く批判してきた上

農正剛(うえのう・せいごう)は、日本手話を第一言語とする教育の意義を主張したうえで、日本語の読み書き能力について次のように述べている。

> ただし、日本手話を母語とした子どもの場合、書記日本語の習得には苦労が伴う面があるでしょう。書記日本語と日本手話では文法構造が異なるからです。そこには母語とは違うもう一つ別の言語、つまり外国語をマスターするに等しい負担が生じます。なぜ、聞こえない子どもたちだけが母語と別に、もう一つ余分に第二の言語を学ばなければならないのか。その点は理不尽で申し訳ない気もします。聴者並みとは言わないまでも、聞こえない子どもがそれ相応の書記日本語力を身につけようということになれば、相当の修練が必要になりますから。それでも私が聴覚障害児には書記日本語の習得も必要だと考えるのは、日本語話者がマジョリティーを占める社会で生きていく以上、様々な不利益を被らないようにするためということがあるからです。日本社会の中でマイノリティーとして理不尽な対応を受けたときに、その不当さを理論的に指摘し、自分の当然の権利を保守するためには日本語の読み書きの力が必要だからです。書記日本語の力があれば、他者に頼ることなく、直接、自分たちで異議申し立てや要望の提示が出来ます。特にこれからの時代はインターネット上の様々な意見提示の方法が現実的に発言力を持つ可能性が十分にあるわけですから。聞こえない子どもたちにその社会的能力を授けるのが教育の責務ではないかと思います(うえのう 2012:160-161)。

上農が指摘しているように、日本語の読み書き能力がないと、社会的に不利になるのはろう者の方である。日本語の読み書きは、マイノリティとしてのろう者の権利を主張するための手段にもなる。ただ、上農が指摘しているように、問題の原因はろう者ではなく、社会の方にあるのだから、社会を変えるという方法もあるだろう。たとえば、申し立てする際にインターネット上に手話の動画をあげ、誰かに訳してもらうなどの方法が少しずつ増えれば、日本語の読み書きにたいする価値の重さも少しずつ減る[9]。つまり、マジョリティのことばでしか申し立てできない社会であるならば、そのような社会

を変えていく必要があるのではないだろうか。言語権の観点からみれば、自らのことばで申し立てできる権利が保障されることこそが重要である。

　日本手話によるろう教育を実践してきた側の主張でも、日本語能力や学力を重視するような発言がみられる。佐々木倫子は、「ろう者の個性・多様性を重視」する教育観を「構成主義的教育観」であるとし、次のように述べている（ささき 2006: 129）。

>　（音声）日本語教育からバイリンガル能力習得支援への転換、同化教育からバイリンガル・バイカルチュラル教育への転換が強く望まれる。教員、ろう児生徒、保護者のそれぞれが構成主義的教育観に立ったとき、子どもたちの学力は、真の伸びを見せるだろう。力強く伸び始めた学力はろう文化を豊かに花開かせ、それはやがて聴者が築いてきた文化的発展にも多大な貢献をするに違いない（ささき 2006: 134）。

　このような主張は、学力が向上するかしないかという観点からバイリンガルろう教育を見ようとしているといえないだろうか。学力とは関係なく、ろう文化はろう文化として存在する。それを尊重する社会のありかたを模索する必要があるだろう。

　言語権の観点からみれば、バイリンガルろう教育の意義は日本語の読み書き能力がどれだけ身につくかというところにはない。ろう教育の内部や社会における日本語能力主義をのりこえ、ろう者のことばを教育言語とすることにこそ価値をおく必要がある。これは日本語の読み書きが必要でないという意味ではない。日本語の読み書きも重視するが、日本語能力主義にまきこまない（まきこまれない）二言語教育、それこそがバランスのとれたバイリンガルろう教育ではないだろうか。

6. おわりに

　ここまで、日本社会における単一言語主義と読み書き能力主義が、ろう教育をどのように規定しているのかを確認した。社会言語学の分野では、言語権や

日本の多言語性が議論されてきた。しかし、一般的には、「日本では日本語で」という意識が根強く残っている。さらに、「だれでも日本語を読み書きできるのが当然だ」という意識がそこにはある。そのため、バイリンガルろう教育も、その要求を意識せざるを得なくなる。バイリンガルろう教育を実施するのは、ろう者にとって手話が教育言語として適しているからであり、手話で学ぶことが重要だという認識があるからである。しかし、読み書き能力を重視する社会においては、成果主義的に、「日本語の学力」、作文や読解の力ばかりが問われることになる。社会の価値観を変えないかぎり、バイリンガルろう教育は外部（多数派）によって規定され、翻弄されつづけるのである。

［注］
1 手話言語は文字表記のない言語である。文字表記のない言語を学校教育において教育言語とするためには、文字表記を作るか借りるかどちらかになる。手話言語の場合も表記法を作る試みが行われていた（おか 2012）。音声言語をもちいることが自明視される社会において、手話言語をはなすろう者は言語的マイノリティである。そのため、自らの文字を作ったとしても、自らの文字だけでなく、主流言語の文字も学ぶことがもとめられるようになる。
2 聴覚口話法で行うか、手話法で行うかによって日本語指導の方法や内容が異なる。手話法における日本語指導をめぐる言語観については、中島武史（なかしま・たけし）(2015b) を参照されたい。
3 ろう教育における音韻意識にかんする議論は、聴児の日本語指導を音韻分析の観点から論じている天野清（1970; 1988）を参照している。
4 手話を第一言語とするろう児の日本語指導については広中嘉隆（ひろなか・よしたか）(2012) を参照すること。
5 直音は、「あ・い・う・え・お」や「か・き・く・け・こ」のように「一つの母音」あるいは「一つの子音と一つの母音」の組み合わせで発音される音をさす。
6 かどや・ひでのり（2012）が論じている「計画言語という選択肢」もある。たとえば、異なる手話言語をもつ人の間で使用されているものとして、「国際手話」がある。また、母語が異なる音声言語話者の間で使用されているものとしてエスペラントがある。それを応用し、ろう者と聴者間の共通の計画言語を作る方法もあるだろう。国際手話については、斉藤くるみ（さいとう・くるみ）(2009) が詳しい。手話言語と書記言語そしてその以外の共通のコミュニケーション手段までもつのは負担が増える可能性もあるだろう。また、ろう教育の専門家によってもちだされた「同時法的手話」は、平等な手段ではなかった。日本語に手話単語をあてはめた同時法的手話は、あくまでろう者に日本語を習得させるための同化の手段であった（クァク 2015）。
7 手話通訳制度の現状については市田泰弘（いちだ・やすひろ）(2005) を参照すること。
8 たとえば、脇中は、「『バイリンガル聾教育』によって遍く学年相応の学力が身につくことを、子どもたちの学力の実態に関するデータやその手法とともに具体的に明らかにしていただけたらと思います」と述べている（わきなか 2009: 64）。

9　かどや・ひでのりは、学校教育を受ける機会を奪われ日本語の読み書き（識字）ができないことで、様々な困難をしいられてきた被差別部落出身者や在日朝鮮人などを対象とした日本の識字運動における読み書き能力主義の問題を言語権や障害学の視点からとりあげている（かどや 2010）。かどやは、「非識字者」に読み書き能力をみにつけることで差別をなくそうとする教育は読み書き能力を自明視する社会に「同化」させる側面があると指摘している。かどやは、生活の不便や被差別状態をなくすために日本語の読み書き教育が必要であることをみとめたうえで、「文字への過剰な価値付与を批判しつつ、文字をまなぶこと」が必要である主張している（同上：66）。また、「文字『だけ』、音声『だけ』によってコミュニケーションがおこなわれないようになれば、コミュニケーションの媒体、方法が多種多様になっていけばいくほど、能力主義的であっても、そこから排除＝差別されるひとは極小化していくだろう」と述べている（同上：60）。

終　章

1．総　括

　本書では、言語権の観点から、日本手話と日本語の読み書きによるバイリンガルろう教育の展開に注目し、これまでの日本のろう教育が抱えてきた日本語至上主義を批判的に検討した。
　まず第1章では、歴史的な観点から、戦前のろう教育における手話論と戦後のろう教育における手話論にわけて、1990年代以前の日本のろう教育における手話論に注目した。第1章では、ろう者のコミュニケーションの手段として手話が使用されていることを認知し、それを「尊重」しようとしたろう教育の専門家によって、日本語を手指で表し、手話単語を日本語と一致させようとした「同時法的手話」などがあみだされてきたことを確認した。その過程で、ろう者の手話は芸術や社会福祉の領域にふさわしいものとされ、教育言語として否定され、ろう教育から排除されてきた。
　第2章では、日本のろう文化運動から、日本手話によるろう教育の実践がどのような過程を経て生まれてきたのかを明らかにした。1990年代初頭にDプロは、これまでの聴覚口話法が主流であるろう教育とは異なる、ろう者の言語と文化を尊重するろう教育のありかたを構想した。Dプロは既存のろう教育を変えるために、1998年に「運動として人権救済センターを利用すること」、「モデルとして学校を設立すること」という二つの方針をきめた。運動として人権救済申立を提起する活動は、ろう学校で使う基本的な言語として日本手話を法的に位置づけるための活動であり、弁護士らが参加したDプロ外部の活動という性格をもっていた。ろう教育を考える会の活動は、2003年に日本弁護士連合会にたいするろう児の人権救済申立に結実する。また最初から学校を設立することは難しいという判断から、まずはフリースクールからはじめるという話になった。成人のろう者とろう児が集まる場所としてフリースクールを作った。Dプロろう教育チームには手話を第一

言語とする人もいれば、日本語対応手話の使用者もいた。また、手話の学習者もいた。つまり、ろう教育チームそのものが手話を学びあう空間でもあった。

　第3章では、1999年4月から2008年3月までのフリースクール龍の子学園の展開過程を詳細に記述した。龍の子学園は、「日本語にこだわるのではなく」、「あらゆる会話・遊びが、手話で行われる環境」が重要であり、「子どもたちが心底から楽しめるような環境」を提供することをめざした。1999年の設立当初は、月に一回、学園を開催した。2000年6月からは、手話による教育活動により一層重点をおいた「龍の子學び舎（幼児教室）」を開設した。保護者からの要望や支持があり、2004年には週に四日間、「龍の子學び舎」での教育活動を行うことになった。「龍の子學び舎」の教育活動は、ろう者が中心になっていた。龍の子学園の保護者のなかでは聴者の方が多かった。これまでろう者や手話について知る機会がそれほどなかった保護者らは、龍の子学園にかかわりながら、聞こえない・聞こえにくい音声よりも、ろう児は目でみえる手話のほうがよりわかりやすいメディアであることを認知するようになった。つまり、ろう者に出会って、またろう者と歩みながらろう者の手話を学習する聴者やろう児を聴者に近づけようとする教育の問題を認知した聴者の保護者があらわれた。そのなかには、「ろう児の人権救済申立」に参加したものもいた。聴者の保護者が人権救済申立の申立人として参加することは想定されていなかった。Dプロは、Dプロろう教育チームの活動と人権救済申立を別の活動として考えていたが、モデルとしてのフリースクールの活動が人権救済申立を支える活動にもつながった。2003年に龍の子学園の継続的かつ安定期な運営を求めていた保護者の提案により、NPO法人バイリンガル・バイカルチュラルろう教育センター「龍の子学園」が設立された。龍の子学園は、日本手話の習得だけでなく、日本語の読み書きを第二言語とするバイリンガルろう教育をめざしていた。龍の子学園の関係者は、日本手話を第一言語として習得できれば、日本語の読み書きは「簡単に」身につくだろうと想定していた。しかし、集まったろう児は自分たちが置かれている教育環境によって使用しているコミュニケーションモードが違っていた。日本手話を使用できる環境を提供した場合であっても、ろう児

はある場面においては日本語対応手話にコードスイッチングすることもあった。ろう学校の授業中に用いられている手話は、日本手話でなく、日本語対応手話である場合が多い。また、日本手話の読み取りができない聴者の教師の前でろう児が発言する時には、教師にわかるように声をだしながら日本語対応手話を使用することが、ろう学校の暗黙のルールになっている。その意味で、コードスイッチングは「自然」な現象でもある。龍の子学園の関係者は、日本手話を第一言語とするろう者にとって、日本語対応手話に切り替えるコードスイッチングは、伝わりにくいもので改善すべき問題としてとりあげていた。龍の子学園は、これまで聴者に合わせるためのコミュニケーションではなく、ろう者同士で話し合えるコミュニケーションの方により重点をおいていた。つまり、音声日本語の影響が強く、日本手話によるろう教育を実施してもすぐには学習言語として日本手話を習得することは困難であった。むしろ、龍の子学園のバイリンガルろう教育の実践は、試行錯誤の連続だった。

　第4章では、学校法人明晴学園の設立経緯やその特徴について述べた。明晴学園は、フリースクール龍の子学園を前身とするものであり、構造改革特別区域の教育特区という制度を活用し、2008年に東京都品川区に開校された。2015年現在、幼稚部、小学部、中学部合計57名が在籍している。明晴学園の特徴については、学園の教育活動と日本手話と書記日本語によるバイリンガルろう教育をささえる活動にわけて記述した。明晴学園は、教科として「国語」の代わりに「手話」と「日本語」という教科を設けている。「手話」という教科は、普通学校の「国語」に該当する。学校教育法の定める「学校」のなかで、少数言語が教育言語とされることは、日本語のみによる単一言語主義が主流であった日本の公教育においては画期的なことである。明晴学園は、「手話と日本語、ろう文化と聴文化を学び、自分に自身を持って社会で生き抜く力を育てる」ことを学校教育の目標としている。また、「私たちのリテラシーとは、『世界を読み取り、他者に発信する力』である」として、自分たちのリテラシーは、「日本語の読み書き能力」だけではないと主張している。これは、これまでろう児に日本語を獲得させることを第一目標としてきた日本のろう教育とは異なるものである。

第4章までは、日本手話と日本語の読み書きによる二言語教育がどのように展開されてきたのかその展開過程とそれらをめぐる社会的状況について詳しく明らかにした。日本手話によるろう教育の実践は、聴者の価値観から比較的解放された、ろう者同士がより相互理解できる言語環境を作りあげた。龍の子学園は、普通学校やろう学校でも十分に学ぶことができないことに不安を感じていたろう児をもつ保護者の支持を得て発展してきた。龍の子学園は、不登校になった子どもが安心して過ごせる居場所でもあった。龍の子学園は、公立ろう学校が成し遂げることができない部分を補うオルタナティブな空間であった。龍の子学園が母体となった明晴学園は、義務教育段階の教育において、少数言語を教育言語とする仕組みを作り上げた。教科として、従来の「国語」の代わりに「手話」と「日本語」を設けているのは他の少数言語による教育に示唆する点がおおい。日本手話によるろう教育を希望するろう児やその保護者は全国にいる。日本手話によるろう教育を一つの選択肢として保障するためには、明晴学園の実践だけでは足りない。現状では、明晴学園のようなろう学校は増えていく可能性も少ないし、またいくらか増えたとしてもそれだけで現在の社会のあり方に対抗するには限界がある。そこで、第5章、第6章では、日本手話と日本語の読み書きによるバイリンガルろう教育を実践するにあたって、どのようなものが障害になっているかを検討した。第5章では、日本手話によるろう教育に立ちはだかるものとして聴覚障害の早期診断・早期医療をめぐる医療化の問題を検討した。第6章では、言語権の視点から、主流言語である日本語の読み書きをめぐる社会の価値観や能力主義の問題を検討し、バイリンガルろう教育のありかたを検討した。

　第5章では、近年の日本では、聴覚障害の早期診断・早期療育として、新生児聴覚スクリーニング検査が全国的に実施されている。新生児聴覚スクリーニング検査は、生後1カ月までに新生児聴覚スクリーニングを終わらせ、3カ月までに確定診断し、6カ月までに早期支援を開始する仕組みになっている。日本耳鼻咽喉科学会による小児を対象とした人工内耳適応基準は1998年に2歳以上とされ、2006年に1歳6カ月以上、2014年には1歳以上に変更された。2008年に厚生労働省より先進医療として認められた「先天性難聴の遺伝子検査」は「適切な治療法を選択」するために必要な検査とし

て位置づけられている。そのような影響のなかで、人工内耳をつけている子どもが増加している。ろう学校ではこれまで以上に聴覚を活用することがより注目されている。現在、日本の多くのろう学校は、聴覚活用を支援する学校として機能している。

　聴覚障害の早期診断・早期療育が、聞こえない・聞こえにくい人を治療やリハビリテーションの対象とし、聞こえない・聞こえにくいことを聞こえるようにさせるための取り組みであれば、その医療行為は身体の優劣を論じる「優生思想」につながる可能性があるといえる。ろう者の場合、人工内耳などをつけても聴者に同化することは、音声言語話者の場合に比べては困難であるとされてきた。しかし、人工内耳を含んだ科学の進歩によって、専門家ではない聴者がみると人工内耳をつけているかどうかがわからないぐらい音声言語を用いることが可能な人もいる。重要なことは、音声言語を身につけるべきだとする価値観によって、その負担を聞こえない・聞こえにくい人が背負っていることである。ろう者のコミュニティには言語や文化がある。聞こえない・聞こえにくい人には手話にアクセスする権利がある。それは帰属意識をもつ言語にアクセスする権利を意味する。

　第6章では、日本手話を使用する人の権利という視点から、主流言語である日本語の学習・習得にかかわる問題に焦点をあて、日本手話と日本語の読み書きによる二言語教育のありかたを再検討した。識字研究や社会言語学の観点から、ろう者に聴者なみの日本語の読み書きを要求することの政治性を批判的に検討した。聴能主義の広がりは、聞こえない・聞こえにくいよりは聞こえた方がよいという身体観にもとづいたものである。できるだけ早期に聴覚活用ができるようになれば、これまでよりも日本語の読み書き能力を高めることができるとされていることから、聴能主義はより普及されている。日本社会は、「だれでも読み書きができる」という思いこみが根づよい社会である。そのなかで、ろう児には聴児なみの日本語の読み書き能力がもとめられている。日本手話と日本語の読み書きによる二言語教育は、ろう者の言語だけでなく、主流言語である日本語の読み書きを学び社会参加や「共生」をはかっている。しかし、聞こえない・聞こえにくい側にとって日本語の読み書きを習得することはそれほど容易なことではない。言語権や社会言語学

の視点からいえば、ろう者のことばを教育言語とすることに価値をおき、日本語の読み書きも重視するが、日本語能力主義にまきこまない（まきこまれない）、バランスのとれたバイリンガル教育がもとめられているといえる。

　以上、各章の内容をまとめた。本研究の成果は、つぎのような点を浮きぼりにしたことである。

　第一に、手話という少数言語が、いかに聴者中心に議論され、規定されてきたのかを確認した。ろう教育の専門家たちは、手話を日本語に従属させながら、日本語の習得の補助、そして方便として手話を位置づけてきた。手話の使用を許容するとか、禁止しないという姿勢は、ろう者の言語権を保障するためではなかったのである。

　第二に、ろう者が中心となって展開されてきたバイリンガルろう教育がどのようなプロセスを経て実現に至ったのかを詳細に記述したことである。その過程では、ろう者が中心的な役割を果たしながらも、手話を学ぼうとする聴者、統合教育を受け学齢期に手話に触れる機会がなかったろう者も参与していた。

　第三に、バイリンガルろう教育を実践するにあたって、社会の情勢や支配的価値観がどれほど障害になっているのかを明らかにしたことである。ろう児に対する早期診断と人工内耳手術の実施は、全世界的に広まっている。「ろうであること」よりも、「聞こえたほうがよい」という価値観はこれまで以上に強化されている。それは医療技術の発達の名のもとに、疑う余地のないもののようにとらえられている。

　第四に、日本社会における単一言語主義と読み書き能力主義が、ろう教育をどのように規定しているのかを明らかにしたことである。社会言語学の分野では、言語権や日本の多言語性が議論されてきた。しかし一般的には、「日本では日本語で」という意識が根強く残っている。さらに、「だれでも日本語を読み書きできるのが当然だ」という意識がそこにはある。そのため、バイリンガルろう教育も、その要求を意識せざるを得なくなる。バイリンガル教育を実施するのは、ろう者にとって手話が学習言語として適しているからであり、手話で学ぶことが重要だという認識があるからである。しかし、読み書き能力を重視する社会においては、成果主義的に、「日本語の学

力」、作文や読解の力ばかりが問われることになる。

　第五に、それらの問題点をふまえて、社会の価値観を問いなおしていくことの重要性を確認したことである。社会の価値観を問いなおすということは、日本を多言語社会ととらえ、非日本語話者の権利を学校、医療、行政手続きなど、あらゆる場において保障していくことである。そのなかで、学校教育のありかたを問いなおす必要があるのであり、ろう教育の課題とは、外国とつながりのある子どもへの教育や、さまざまな外国人学校・民族学校の課題でもある。それらを総合的に議論していくことがもとめられるのである。本研究が言語権を議論の中心にそえたのは、そのような問題意識が根底にあったからである。

2. 日本手話によるろう教育を広げていくために

　明晴学園は、東京都品川区にある。ろう児は、日本の全国にいる。明晴学園だけでは、ろう児の言語権を保障することはできない。それなら、明晴学園のようなバイリンガルろう教育を全国のろう児に保障するために、どのような仕組みや実践がありうるだろうか。

　最後に、日本手話によるろう教育を全国的に展開していくためになにが必要なのかを検討しながら、今後の研究課題について述べる。

　まず、ろう教育（聞こえない・聞こえにくい子どもに対する教育）の課題として、以下の２つを指摘したい。

　第一に、ろう者が教員になることのハードルの問題がある。現状では、普通学校から大学に進学する生徒に比べれば、ろう学校から大学に進学する生徒は少ない。日本全国にろう学校があり、手話でコミュニケーションをとれるろう者の教員が必要であることは、言語権、情報保障の視点からいえば、当然のことである。これを改善することがもとめられる。

　第二に、普通学校に通っている聞こえない・聞こえにくい子どもの権利保障の問題がある。たとえば、外国とつながりのある子ども（日本に来たばかりで日本語がよくわからない子ども）に対しては、小中学校において、取り出し授業を実施するとか、教室に学習支援員をつけている場合がある。これは

国の制度ではなく、自治体が独自に実施しているものである。このような学習支援を聞こえない・聞こえにくい子どもにも保障していくことがもとめられる。聞こえるか、聞こえないか、そして外国出身であるかどうかの違いだけで、日本語がよくわからないという点においては、両者は共通の課題・困難を抱えている。たとえば、取り出し授業において、ろう者による手話教育を保障するという選択肢もありうるはずである。鳥越隆士（とりごえ・たかし）によれば、「実際に難聴学級で、手話に取り組むところも増えてきて」いるという（とりごえ 2016: 85）。そのような取り組みで重要なのは、ろう者の主導権を保障することである。外国とつながりのある子どもの日本語教育の場合、日本語指導員のほかに、子どもの母語が話せるバイリンガル指導員が配置される自治体もある（さくま 2011: 21）。

　次に、ろう者の言語権に関連して、以下の3つを指摘したい。

　まず、日本手話を学ぶことのできる場が少ないという問題がある。多くの場合、手話教室はあっても、そこでは日本語対応手話が使用されており、そこで学習しただけでは、ろう者の手話が読みとれるようにはならないと指摘されている（おか 2012: 12-15）。自分の子どもが聞こえないことがわかった際に、親が手話を学びたいと思う場合も当然ある。そのとき、近くに手話教室があれば、その思いに応えることができる。放課後や週末に、ろう学校の教室を手話学習の場として活用することも、ありうるのではないだろうか。図書館や生涯学習センターなど、行政の施設を活用する方法もありうるだろう。つまり、社会資源として手話学習の場を設けることがもとめられる。公共図書館において、手話によるブックトークが一部で実施されている。この実践を広めていく必要もある。

　つぎに、社会資源としてさまざまな手話メディアをつくり、普及することも必要である。公共放送であるNHKは、すでに「手話ニュース」「みんなの手話」などの番組を放送している。そのような映像をウェブで公開していくとか、独自に手話による情報発信のウェブサイトを国からの業務委託として、NPOが運営するということも、ありうるはずである。それは、全国どこにいてもアクセスできる教育・学習教材を保障することである。

　最後に、情報保障の土台として、各地域の手話通訳を拡充するとともに、

遠隔通訳を保障していくことがもとめられる。医療においても、行政手続きにおいても必要なことは、学校教育においても必要なのであり、社会のあらゆる場面で手話通訳や文字通訳を保障していくなかで、学校教育の問題を考えていく必要がある。

　以上のことを保障していくためには、国としての制度がもとめられるはずである。日本ではたとえば、情報・コミュニケーション法や手話言語法が必要だという議論がある。この二つは、全日本ろうあ連盟がこれまで提起してきたものである。奇しくも、韓国では 2016 年 2 月 3 日に「韓国手話言語法」が公布された[1]。日本では、鳥取県などの自治体において、手話言語条例が制定されている。

　日本では国としてろう者の言語権を保障する法律はまだ存在しない。ただ、2011 年に改正された障害者基本法では、「全て障害者は、可能な限り、言語（手話を含む。）その他の意思疎通のための手段についての選択の機会が確保されるとともに、情報の取得又は利用のための手段についての選択の機会の拡大が図られること」と規定されている。日本は 2014 年に国連障害者権利条約を批准し、2016 年 4 月から障害者差別解消法が施行されている。障害者権利条約では、「手話の習得及び聾社会の言語的な同一性の促進を容易にする」ための適切な措置をとることが必要であると規定されており、批准国として、日本はその権利を保障する責務がある[2]。障害者差別解消法においても、「社会的障壁の除去の実施について必要かつ合理的な配慮をしなければならない」と規定されている。障害者差別解消法の本文では手話について言及していないが、内閣府は代表的な合理的配慮の例として「手話や文字表示など、目で見てわかる情報を提示する」ことなどを提示している[3]。

　このような状況をふまえて、次の二つの点について比較・検討するがあるだろう。第一に外国の言語法や手話関連法の動向を参照することである。第二に外国とつながりのある子どもに対する教育実践の状況を参照することである。そのような世界的・総合的視点から日本におけるバイリンガルろう教育を再構築していくことがもとめられる。

　以上にあげた課題は、本研究では論じることができなかった内容である。これらの点については、今後の研究課題である。

[注]
1 韓国手話言語法(法律第 13978 号)は、2016 年 2 月 3 日に制定・公布された。6 カ月後の 2016 年 8 月 4 日から施行されている。
2 外務省「障害者の権利に関する条約障害者の権利に関する条約(略称:障害者権利条約)」http://www.mofa.go.jp/mofaj/gaiko/jinken/index_shogaisha.html
3 内閣府の「障害を理由とする差別の解消の推進」のために開設された合理的配慮等具体例データ集「合理的配慮サーチ」(聴覚障害)のページ http://www8.cao.go.jp/shougai/suishin/jirei/index_choukaku.html

あとがき——感謝をこめて

　2016年2月3日に韓国手話言語法（略称：韓国手話法）が制定されました。手話言語法が公表されたときにはなかったものの、いつの間にか国家法令情報センターのホームページで法律の内容を手話でもみられるようになっています。この法律は、韓国で言語権という用語を明記した、初めての法律です。法律のなかでは、「国と地方公共団体は、ろう者等の教育において、障害発生の初期から韓国手話を習得することができるよう必要な施策を用意しなければならない」と明記されています（第11条）。ただ、これまで韓国で言語権をめぐる議論が盛んに行われてきたわけではありません。2016年6月に制定された施行令は、手話で教えることではなく、手話を教えることを定めるのが主な内容になっています。韓国は、これから言語権をめぐる議論を含め、ろう者の言語的権利を実際にどのように守っていくのかなどが課題になるでしょう。日本でも手話言語法を制定しようとする動きがあり、鳥取県をはじめ現在55カ所の自治体に関連条例が制定されています。朝霞市日本手話言語条例など一部の条例では、日本手話は日本語とは異なる文法をもつものとして明記されています。しかし、手話言語法案は日本手話と日本語対応手話の違いをみとめない内容になっており、日本手話によるろう教育や日本手話による通訳を受ける権利などが十分に保障されていない現状が固定化してしまうのではないかという懸念の声もあります。法律を制定することが大事なのではなく、ろう者の言語権が十分に保障されていない現状をどのようにすれば改善できるかについて、より議論を深めていくことが重要でしょう。
　本書は、立命館大学大学院先端総合学術研究科に提出した博士論文にもとづいています。本書が刊行されるまで、多くの方々にお世話になりました。
　はしがきでも述べましたが、明晴学園を支えているNPO法人バイリンガル・バイカルチュラルろう教育センターの玉田さとみ（たまだ・さとみ）さんとの出会いがなければ、このテーマに出会うことができませんでした。自分のろう児のため、聴者として日本手話によるろう教育を選び、その道をろ

う者と聴者と共に作ってきた玉田さんに、さまざまな話をきくことができました。本書では全国ろう児をもつ親の会を含む保護者の活動については、詳しく論じることができませんでした。この紙面を借りて、お礼とお詫びを申し上げます。

　博士論文の執筆においては、明晴学園の関係者にずっとお世話になりました。インタビューにおうじてくださった方々に感謝します。とくに、校長である榧洋子（かや・ようこ）さん（ろう者）、小野広祐（おの・こうすけ）さん（ろう者）、長谷部倫子（はせべ・ともこ）さん（聴者）からはインタビューだけでなく、当時の議事録、資料、機関紙などさまざまな資料の提供をいただきました。ろう者の池田亜希子（いけだ・あきこ）さんは、抜群の記憶力をもっている方で、龍の子学園を開校するまえの話からこれまでのことについて誰よりも詳しい話を聞くことができました。とくに、現在、明晴学園の理事長をされている斉藤道雄（さいとう・みちお）さん（聴者）に、たいへんお世話になりました。斉藤さんは、ジャーナリストとして、1990年代からろう者とつきあってきた方です。斉藤さんからは、さまざまな映像資料を提供していただきました。斉藤さんのおかげで、「モデルとして学校を設立すること」を決めた1998年の会議の様子もみることができました。雑誌論文の査読に落ちて、落ち込んでいたときには、暖かい応援もいただきました。斉藤さんの励ましがあったからこそ、博士論文を完成することができました。なお、ここでは名前をあげませんが、明晴学園の関係者にはたいへんお世話になりました。この紙面を借りてお礼を申し上げます。

　博士論文の執筆においては、立命館大学大学院先端総合学術研究科の先生方、大学院生、卒業生、そして職員の方々にお世話になりました。とくに、指導教員である立岩真也（たていわ・しんや）先生、副査の西成彦（にし・まさひこ）先生や小川さやか（おがわ・さやか）先生にお世話になりました。立岩先生からは、「できるだけ、詳しく歴史を記述してほしい」という指導を受けたものの、日本手話によるろう教育の展開の歴史だけでなく、日本語能力主義や聴能主義という価値観まで論じることになり、その旨にそうことができませんでした。また、博士論文の外部査読者である金澤貴之（かなざわ・たかゆき）先生にも感謝します。金澤先生からは、人名の漢字の間違いや引

用文献にたいする誤った解釈などについてご指摘いただきました。意見の違いもありましたが、最後まで誠実な審査をいただきました。いうまでもありませんが、本書の主張や誤りの責任は、すべて私にあります。また、先端総合学術研究科の日本語指導スタッフである橋口昌治（はしぐち・しょうじ）（『若者の労働運動』の著者、生活書院、2011年）さんは日本語をていねいにチェックしてくださいました。こころから感謝しています。

韓国テグ大学大学院の同期であるあべ・やすし（『ことばのバリアフリー』の著者、生活書院、2015年）さんは、博士論文の執筆から完成までつきあってくれました。あべさんからは、言語権、社会言語学の参考文献の紹介だけでなく、論文についてさまざまなコメントもいただきました。あべさんの紹介で、『社会言語学』刊行会のみなさんにつながることもできました。『社会言語学』刊行会と連動している「情報保障研究会」（http://www.geocities.jp/syakaigengogaku/zk.htm）で何回も発表の機会をいただきました。とくに、かどや・ひでのりさん、ましこ・ひでのりさんにお世話になりました。

本書の出版にあたって、生活書院の髙橋淳（たかはし・あつし）さんにたいへんお世話になりました。木村晴美（きむら・はるみ）さんの『日本手話とろう文化』（2007年）や全国ろう児をもつ親の会編の『バイリンガルでろう児は育つ』（2008年）など日本手話とろう教育にかんするさまざまな本を出版してきた生活書院から出版することができ、たいへんうれしく思います。出版まで、誠実にお付き合いいただき、ありがとうございました。また出版にあたっては、立命館大学の「2016年度研究推進施策・先端総合学術研究科出版助成制度」から助成をいただきました。記して感謝します。

わたしは、日本の大学院を卒業して、現在は韓国で生活しています。玉田さんから、「韓国でろう児を集めて活動している人たちが明晴学園をたずねてきた」というメールをいただきました。これから、あちこちで新しい出会いがはじまるでしょう。楽しみにしています。

2016年11月18日
韓国テジョンにて　　　　　　　　　　　　　　　　　クァク・ジョンナン

[初出一覧]
第1章 「日本のろう教育は手話をどのように位置づけてきたか――日本語至上主義の批判的検討」『社会言語学』15号(「社会言語学」刊行会)2015
第2章 「ろう児のためのフリースクール――「龍の子学園」開校前史」『Core Ethics』10号(立命館大学先端総合学術研究科)2014
第3章 「ろう児のためのフリースクール『龍の子学園』開校とその展開」『Core Ethics』12号立命館大学先端総合学術研究科)2016

参考文献

相澤宏光（あいざわ・ひろみつ）2009「第1章3節3　第2言語習得」四日市章（よっかいち・あきら）編著『リテラシーと聴覚障害』コレール社：55-60
青山鉄兵（あおやま・てっぺい）2003「デフフリースクールに関する考察」東京大学教育学部総合教育科学科平成14年度卒業論文
我妻敏博（あがつま・としひろ）2008a「聾学校における手話の使用状況に関する研究（3）」『ろう教育科学』50（2）：77-91
─── 2008b「聾学校における手話使用の調査」独立行政法人　国立特別支援教育総合研究所『聾学校におけるコミュニケーション手段に関する研究』：139-147
─── 2011『(改訂版) 聴覚障害児の言語指導──実践のための基礎知識』田研出版
阿部敬信（あべ・たかのぶ）2002「国語教材の日本手話翻訳ビデオを用いての授業実践」『2001年度龍の子学園実践研究発表会予稿集』：33-36
─── 2013「バイリンガル・アプローチによる教育における教室談話分析──日本手話による視覚的かつ言語的なストラテジーに焦点をあてて」『母語・継承語・バイリンガル教育（MHB）研究』9: 50-65
─── 2014「聴覚障害教育における日本手話・日本語バイリンガル教育に関する研究」明星大学大学院博士学位論文
あべ・やすし 2004「漢字という権威」『社会言語学』4: 43-56
─── 2010「均質な文字社会という神話」かどや・ひでのり、あべ・やすし編『識字の社会言語学』生活書院：83-113
─── 2012a「漢字圏の手話の呼称と「規範化」の問題」『ことばの世界』（愛知県立大学高等言語教育研究所）4: 9-21
─── 2012b「漢字という障害」ましこ・ひでのり編『ことば／権力／差別──言語権からみた情報弱者の解放［新装版］』三元社：131-163
天野清（あまの・きよし）1970「語の音韻構造の分析行為の形成とかな文字の読みの学習」『教育心理学研究』18（2）：76-89
─── 1988「音韻分析と子どもの literacy の習得」『教育心理学年報』27: 142-164
新井孝昭（あらい・たかあき）[1996] 2000「『言語学エリート主義』を問う」現代思想編集部編『ろう文化』青土社：64-68
イ・ヨンスク 2006「手話言語と言語政策」全国ろう児をもつ親の会編『ろう教育が変わる！──日弁連「意見書」とバイリンガルろう教育への提言』明石書店：9-39
石川准（いしかわ・じゅん）1992『アイデンティティ・ゲーム』新評論
市田泰弘（いちだ・やすひろ）2005「手話通訳」真田信治、庄司博史編『事典　日本の多言語社会』岩波書店：155-157

伊東儁祐（いとう・しゅんすけ）1977「手話への招待」中野善達（なかの・よしたつ）、伊東儁祐（いとう・しゅんすけ）、松本晶行（まつもと・まさゆき）編『手話への招待』福村出版：2-29

伊藤壽一（いとう・じゅいち）2015「すべての赤ちゃんにきこえのスクリーニング検査を——新生児聴覚スクリーニング検査の重要性」日本記者クラブ（最終閲覧：2015年5月13日）http://www.jibika.or.jp/members/news/kikoe_20150821.pdf

伊藤政雄（いとう・まさお）、竹村茂（たけむら・しげる）1987「日本語対応手話の言語的特徴と教育上の意義について」『筑波大学附属聾学校紀要』9: 23-32

井上智義（いのうえ・ともよし）2016「ろう者のバイリンガル教育の展望——手話でのコミュニケーションが概念発達を保障する」『手話・言語・コミュニケーション』3：6-25

上野益雄（うえの・ますお）2001『聾教育問題史』日本図書センター

上野益雄（うえの・ますお）、野呂一（のろ・はじめ）、清野茂（せいの・しげる）2002「大阪市立聾唖学校教師たちの手話についての考え方」『つくば国際大学研究紀要』8: 53-74

上農正剛（うえのう・せいごう）2003『たったひとりのクレオール』ポット出版

上農正剛（うえのう・せいごう）［聞き手：田中望（たなか・のぞみ）、春原憲一郎（はるはら・けんいちろう）、山田泉（やまだ・いずみ）］2012「聴覚障害者にとっての真の言葉とは」田中望、春原憲一郎、山田泉編著 2012『生きる力をつちかう言葉——言語的マイノリティーが〈声を持つ〉ために』大修館書店

大泉溥（おおいずみ・ひろし）1981「障害児学校における寄宿舎教育について」『障害児の生活教育研究』創刊号：4-19

大久保豪（おおくぼ・すぐる）2007「日本における人工内耳の現状」レイン，ハーラン著、長瀬修訳『善意の仮面——聴能主義とろう文化の闘い』現代書館：451-457

太田晴雄（おおた・はるお）2002「教育達成における日本語と母語——日本語至上主義の批判的検討」宮島喬、加納弘勝編『変容する日本社会と文化』東京大学出版会：93-118

太田富雄（おおた・とみお）2008「障害の早期発見・診断と両親援助」中野善達（なかのよしたつ）、根本匡文（ねもと・まさふみ）編『改訂版聴覚障害教育の基本と実際』田研出版株式会社：59-72

大塚浮子（おおつか・ちかこ）2013「新生児聴覚スクリーニング検査の必要性に関する研究」『社会関係研究』19（1）：99-144

大沼直紀（おおぬま・なおき）2012「人工内耳によって『ろう文化』はなくなるか？——ろう者の言語権・文化権と『音を聞く権利』を両立させる」中村賢龍（なかむら・けんりゅう）、福島智（ふくしま・さとし）編『バリアフリー・コンフリクト——争われる身体と共生のゆくえ』京都大学出版会：51-72

岡典栄（おか・のりえ）2011「多言語社会ニッポン 手話（5）バイリンガルろう学校、明晴学園の教育」『ことばと社会』（13）：275-282

——— 2012「日本手話：書きことばをもたない少数言語の近代」一橋大学大学院言語社会研究科博士論文

――――2014「ろう児に対する教育政策――障害者教育かマイノリティ言語教育か」佐々木倫子編『マイノリティの社会参加――障害者と多様なリテラシー』くろしお出版：130-153

岡本みどり（おかもと・みどり）2001「インテグレーション、龍の子学園、そしてろう学校」金澤貴之編『聾教育の脱構築』明石書店：201-234

奥地圭子（おくち・けいこ）1991『東京シューレ物語』教育史料出版会

小田侯朗（おだ・よしあき）1990「我が国の聾教育におけるトータルコミュニケーションの理念と方法に関する一考察――米、英との比較を通して」『国立特殊教育総合研究所研究紀要』17: 45-50

小野広祐（おの・こうすけ）2003「聴覚口話法は誰のため？」全国ろう児をもつ親の会編『ぼくたちの言葉を奪わないで！――ろう児の人権宣言』明石書店：84-94

甲斐更紗（かい・さらさ）2015「日本における手話と聴覚障害教育」『生存学』8: 195-206

学校法人明晴学園 2010『子どもが学校を作る――ろう児のリテラシー』

――――2014『手話で学ぶ――2014年度明晴学園研究集録』

――――2015「学校法人明晴学園幼稚部小学部2016年度入学案内」

かどや・ひでのり 2010「日本の識字運動再考」かどや・ひでのり、あべ・やすし編『識字の社会言語学』生活書院：25-82

――――2012「言語権から計画言語へ」ましこ・ひでのり編著『ことば／権力／差別（新装版）――言語権からみた情報弱者の解放』三元社：107-130

金澤貴之（かなざわ・たかゆき）2001「聾教育のパラダイム転換」金澤貴之（かなざわ・たかゆき）編『聾教育の脱構築』明石書店：11-41

――――2012「聾教育という空間」ましこ・ひでのり編著『ことば／権力／差別（新装版）――言語権からみた情報弱者の解放』三元社：217-234

――――2013『手話の社会学――教育現場への手話導入における当事者性をめぐって』生活書院

亀井伸孝（かめい・のぶたか）2004「言語と幸せ――言語権が内包すべき三つの基本的要件」『先端社会研究』1: 131-157

――――2009『手話の世界を訪ねよう』岩波書店

カミンズ，ジム著、中島和子（なかじま・かずこ）訳著 2011『言語マイノリティを支える教育』慶應義塾大学出版会

榧陽子（かや・ようこ）2012「ろう教育のこれから」佐々木倫子編『ろう者から見た「多文化共生」――もうひとつの言語的マイノリティ』ココ出版：170-209

河野淳（かわの・あつし）2015「人工内耳」『日本耳鼻咽喉科学会会報』118 (6)：807

川本宇之介（かわもと・うのすけ）[1940] 1981『聾教育学精説』信楽会

神田和幸（かんだ・かずゆき）1989a「手話と日本語の関係」『日本聴力障害新聞』450（1月号）：6-7

――――1989b「手話言語学入門（14）」『季刊ろうあ運動』（全日本聾唖連盟）46: 52-59

―――― 編 2009『基礎から学ぶ手話学』福村出版
関東地区聾教育研究会編 2002『(第二版) ろう教育はじめの一歩――その理論と実践』聾教育研究会
菊池久一（きくち・きゅういち）[1996] 2000「スピーチ・コミュニティーが存在するための条件」現代思想編集部編『ろう文化』254-266
貴戸理恵（きど・りえ）2004『不登校は終わらない』新曜社
木村護郎クリストフ（きむら・ごろうくりすとふ）2004「なぜ二言語教育なのか――言語権の観点から」全国ろう児をもつ親の会編『ろう教育と言語権――ろう児の人権救済申立の全容』明石書店：79-90
―――― 2008「言語的少数者の教育としてのろう教育」全国ろう児をもつ親の会編『バイリンガルでろう児は育つ』生活書院：13-33
―――― 2010「日本における「言語権」の受容と展開」『社会言語科学』13（1）：4-18
―――― 2011「『共生』への視点としての言語権――多言語的公共圏に向けて」植田晃次（うえだ・こうじ）、山下仁（やました・ひとし）編著『(新装版)「共生」の内実――批判的社会言語学からの問いかけ』三元社：11-27
―――― 2015「障害学的言語権論の展望と課題」『社会言語学』15: 1-18
木村晴美（きむら・はるみ）2001「ろう学校のリアリティ」金澤貴之編『聾教育の脱構築』明石書店：279-320
―――― 2007「日本手話を母語とするろう児の言語形成に関する考察」一橋大学大学院言語社会研究科修士論文
―――― 2011『日本手話と日本語対応手話(手指日本語)――間にある「深い谷」』生活書院
―――― 2012「日本手話を第一言語とするろう者の道のり」佐々木倫子編『ろう者から見た「多文化共生」――もうひとつの言語的マイノリティ』ココ出版：2-21
木村晴美（きむら・はるみ）、市田泰弘（いちだ・やすひろ）1995「ろう文化宣言――言語的少数者としてのろう者」『現代思想』23（3）：354-362
―――― [1996] 2000「ろう文化宣言」現代思想編集部編『ろう文化』青土社：8-17
―――― 2014『はじめての手話（改訂新版）』生活書院
教師養成研究会特殊教育部会 1972『聴覚・言語障害児教育』学芸図書株式会社
クァク・ジョンナン 2014「ろう児のためのフリースクール――「龍の子学園」開校前史」『Core Ethics』（立命館大学先端総合学術研究科）10: 61-72
―――― 2015「日本のろう教育は手話をどのように位置づけてきたか――日本語至上主義の批判的検討」『社会言語学』15: 19-42
草薙進郎（くさなぎ・しんろう）、齋藤友介（さいとう・ゆうすけ）2010『アメリカ聴覚障害教育におけるコミュニケーション動向』福村出版
言語権研究会編 1999『ことばへの権利』三元社
小嶋勇（こじま・いさむ）2003「なぜ申立を引き受けたか」全国ろう児をもつ親の会編『ぼくたちの言葉を奪わないで！――ろう児の人権宣言』明石書店：186-194

─── 2006「日弁連『意見書』と人権救済申立」全国ろう児をもつ親の会編『ろう教育が変わる！──日弁連『意見書』とバイリンガルろう教育への提言』明石書店：137-172

財団法人全日本ろうあ連盟 50 年史編集委員会 1998『財団法人全日本ろうあ連盟 50 年のあゆみ』財団法人全日本ろうあ連盟出版局

斉藤くるみ（さいとう・くるみ）2007『少数言語としての手話』東京大学出版会

─── 2009「視覚言語の交差点──国際手話の形成と展開」木村護郎クリストフ、渡辺克義編『媒介言語論を学ぶ人のために』世界思想社：104-122

斉藤道雄（さいとう・みちお）1999『もうひとつの手話』晶文社

─── 2016『手話を生きる──少数言語が多数派日本語と出会うところで』みすず書房

─── ［対談及び文責：松田一志（まつだ・かずし）］2008「巻頭インタビュー 37 特集 1 明晴学園開校、学校法人明晴学園　初代校長　斉藤道雄さん（後編）」『いくおーる』80 号（2008 年 8 月）：6-13

佐久間孝正（さくま・こうせい）2011『外国人の子どもの教育問題』勁草書房

佐々木倫子（ささき・みちこ）2006「ろう児の言語発達と教育」全国ろう児をもつ親の会編『ろう教育が変わる！──日弁連「意見書」とバイリンガルろう教育への提言』明石書店：101-136

─── 2008「日本におけるバイリンガルろう教育」全国ろう児をもつ親の会編『バイリンガルでろう児は育つ』生活書院：133-170

─── 編 2012『ろう者から見た「多文化共生」──もうひとつの言語的マイノリティ』ココ出版：2-21

佐々木倫子（ささき・みちこ）、白頭宏美（はくとう・ひろみ）、古石篤子（こいし・あつこ）、酒井邦嘉（さかい・くによし）2011「ろう児のための日本語ゲーム──開発と試行」『桜美林言語教育論叢』7: 115-131

佐藤則之（さとう・のりゆき）1973「手話について」『言語生活』258: 40-48

真田信治（さなだ・しんじ）、庄司博史（しょうじ・ひろし）編 2005『事典　日本の多言語社会』岩波書店

澁谷智子（しぶや・ともこ）2009『コーダの世界』医学書院

手話コミュニケーション研究会 1985『日本語対応手話』

新生児聴覚スクリーニング検査を考えるシンポジウム記録資料集・編集委員会編 2003a『新生児聴覚スクリーニング検査を考えるシンポジウム記録資料集』

─── 2003b『新生児聴覚スクリーニング検査を考える京都シンポジウム記録資料集』

末森明夫（すえもり・あきお）2015「日本の聾唖空間の親密圏・中間体・公共圏の変容に伴う「いわゆる日本の手話」の変遷」『生存学』8: 178-194

菅谷明子（すがや・あきこ）、福島邦博（ふくしま・くにひろ）2014「普通学校（メインストリーム）における教育」加我君孝（かが・きみたか）編集『新生児・幼小児の難聴』診断と治療社 :105-110

杉野昭博（すぎの・あきひろ）2014「個人の改造か、環境の操作か」小川喜道、杉野昭博

編『よくわかる障害学』ミネルヴァ書房：4-5

鈴木理子（すずき・りこ）、佐々木倫子（ささき・みちこ）2012「ろう児のコミュニケーション環境の課題——手話と書記日本語をつなぐ辞書を例に」『桜美林言語教育論叢』8: 71-83

砂野幸稔（すなの・ゆきとし）2012「序論多言語主義再考」砂野幸稔編『多言語主義再考——多言語状況の比較研究』三元社：11-48

角知行（すみ・ともゆき）2010「識字率の神話」かどや・ひでのり、あべ・やすし編『識字の社会言語学』生活書院：159-199

清野茂（せいの・しげる）1997「昭和初期手話——口話論争に関する研究」『市立名寄短期大学紀要』29：57-80

牲川波都季（せがわ・はづき）2011「『共生言語としての日本語』という構想——地域の日本語支援をささえる戦略的使用のために」植田晃次（うえだ・こうじ）、山下仁（やました・ひとし）編著『（新装版）「共生」の内実——批判的社会言語学からの問いかけ』三元社：107-125

全国特別支援学校長会編 2013『全国特別支援学校実態調査』（2012 年 4 月 1 日現在）

全国聾学校作文コンクール調査研究委員会 2014「聴覚障害児教育における作文指導のために（6）」『聴覚障害』754: 33-47

全国ろう児をもつ親の会編 2003『ぼくたちの言葉を奪わないで！——ろう児の人権宣言』明石書店

——— 2004『ろう教育と言語権——ろう児の人権救済申立の全容』明石書店

——— 2006『ろう教育が変わる！——日弁連「意見書」とバイリンガルろう教育への提言』明石書店

全国ろう学校長会編 2013『聴覚障害教育の現状と課題』

平英司（たいら・えいじ）2013「日本手話」多言語化現象研究会編『多言語社会日本——その現状と課題』三元社：241-245

第 11 回世界ろう者会議組織委員会編 1992『第 11 回世界ろう者会議報告書』

高田英一（たかだ・えいいち）2011「手話の特徴」社会福祉法人全国手話研修センター編『よくわかる手話の筆記試験対策テキスト』中央法規：21-27

——— 2013『手話からみた言語の起源』文理閣

高橋潔（たかはし・きよし）1921「口話式聾教育に就いて」川渕依子編 2000『手話賛美』サンライズ出版：224-240

——— 1931「宗教教育に就いて」川渕依子編 2000『手話賛美』サンライズ出版：103-150

武居渡（たけい・わたる）2003「手話とリテラシー」『教育学研究』70（4）：536-546

——— 2008「手話の獲得と日本語の獲得」『ろう教育科学』49（4）：181-190

竹内かおり（たけうち・かおり）2003「川から大海源へ——龍の子学園の四年間」全国ろう児をもつ親の会編『ぼくたちの言葉を奪わないで！——ろう児の人権宣言』明石書店：110-126

武田修（たけだ・おさむ）2012「聴覚障害教育の歴史」ろう教育科学会編『聴覚障害教育の歴史と展望』風間書房：57-91

竹村茂（たけむら・しげる）1991「日本手話と日本語対応手話について——聾教育にはどんな手話が導入されるべきか」『筑波大学附属聾学校紀要』13: 37-42
龍の子学園 2000『1999 年度龍の子学園実践発表会実践発表資料集』
——— 2001『2000 年度龍の子学園実践発表会実践研究発表会予稿集』
——— 2003a『第 1 回バイリンガル・バイカルチュラルろう教育研究大会予稿集』
——— 2003b『たつのこ通信』No.47
——— 2006『第 5 回バイリンガル・バイカルチュラルろう教育研究大会予稿集』
田中多賀子（たなか・たかこ）2013「日本の聴覚障害者教育における人工内耳の受けとめ方の変遷」『生存学』6: 50-72
——— 2014「日本における人工内耳（治療）の導入が聴覚障害者教育に与えた影響——1970 年代から 1990 年代までの日本の状況」『Core Ethics』（立命館大学先端総合学術研究科）10：131-141
田上隆司（たのかみ・たかし）、宇賀神尚雄（うがじん・ひさお）、森明子（もり・あきこ）1997「インタビュー栃木同時法の設立経過」トータルコミュニケーション研究会『日本の TC30 年と TC 研 20 年』（第 20 回 TC 研究大会記念誌）：36-46
田上隆司（たのかみ・たかし）、森明子（もり・あきこ）、立野美奈子（たての・みなこ）1979『手話の世界』日本放送出版協会
——— 1980「ろう教育における手話の論点（その一）」『聴覚障害』通巻 351 号：10-13
——— 1981『はじめての手話』日本放送出版協会
——— 1983『手話のすすめ』（講談社現代新書 679）講談社
玉田さとみ（たまだ・さとみ）2011『小指のおかあさん』ポプラ社
——— 2012「ろう児をもつ親たちの道のり」佐々木倫子編『ろう者から見た「多文化共生」——もうひとつの言語的マイノリティ』ココ出版：46-77
玉田さとみ（たまだ・さとみ）［対談及び文責：松田一志（まつだ・かずし）］2007「巻頭インタビュー 32 ろう教育特区」NPO バイリンガル・バイカルチュラルろう教育センター事業推進部特区担当」『いくおーる』74 号：4-16
長南浩人（ちょうなん・ひろひと）2009「コラム 3　音韻意識と読みの発達」四日市章（よっかいち・あきら）編著『リテラシーと聴覚障害』コレール社：3
長南浩人（ちょうなん・ひろひと）、齋藤佐和（さいとう・さわ）2007「人工内耳を装用した聴覚障害児の音韻意識の発達」『特殊教育学研究』44: 283-290
都筑繁幸（つづき・しげゆき）1997『聴覚障害教育コミュニケーション論争史』御茶の水書房
——— 2006「アメリカ聴覚障害児教育におけるトータルコミュニケーションの発展過程に関する一考察（4）——バイリンガル・バイカルチャー教育の動向から」『愛知教育大学研究報告』（教育科学編）55：19-27
D プロ 1999『DPRO 紹介パンフレット』
——— 2001『2001 DPRO 活動案内』（DPRO 紹介パンフレット）
D 編集室 1991「"D" 創刊にあたって」『D』No.1

―――― 1993「DPRO 始動――バイリンガリズム／バイカルチュラリズムに向けて」『D』No.8
トータルコミュニケーション研究会 1997『日本のTC30年とTC研20年』第20回TC研究大会記念誌
栃木県立聾学校 1976「同時法」『聴覚障害』298: 3
栃木県立聾学校・栃木県ろうあ協会 1969『手指法辞典』
冨田哲（とみた・あきら）2008「植民地主義批判としてのろう文化のたたかい」『社会言語学』8: 133-144
鳥越隆士（とりごえ・たかし）1999「ろう教育における手話の導入」『兵庫教育大学研究紀要（第1分冊，学校教育・幼児教育・障害児教育）』19: 163-171
―――― 2003「聴覚障害児童に対する国語科指導のための手話教材ビデオ制作の試み」『兵庫教育大学研究紀要』23: 97-107
―――― 2009「スウェーデンにおけるバイリンガル聾教育の展開と変成――聾学校, 難聴学校の教師へのインタビューから」『兵庫教育大学研究紀要』35: 47-57
―――― 2016「手話の活用とインクルーシブ教育の共存をめざして」『手話・言語・コミュニケーション』3: 68-110
鳥越隆士（とりごえ・たかし）、グニラ・クリスターソン 2003『バイリンガルろう教育の実践――スウェーデンからの報告』全日本ろうあ連盟
内閣官房構造改革特区推進室 2003『特区提案の手引き』
中川裕（なかがわ・ひろし）2005「アイヌ・アイヌ語」真田信治、庄司博史編『事典 日本の多言語社会』岩波書店: 162-168
中島和子（なかじま・かずこ）2016『（完全改訂版）バイリンガル教育の方法――12歳までに親と教師ができること』アルク
――――編著 2010『マルチリンガル教育への招待――言語資源としての外国人・日本人年少者』ひつじ書房
中島武史（なかしま・たけし）2013「聾学校におけるろう児と教師の関係性と低学力」『社会言語学』13: 85-112
―――― 2015a「ろう教育における「やさしさ」の諸相――社会言語学の視点から見えるもの」義永美央子、山下仁編『ことばの「やさしさ」とは何か』三元社: 125-164
―――― 2015b「ろう教育で語られるリテラシー――その背景にある言語観」大阪大学大学院言語文化研究科 編『(言語文化共同研究プロジェクト2014) 批判的社会言語学の軌跡』: 33-42
中野聡子（なかの・さとこ）、金澤貴之（かなざわ・たかゆき）2004「小児人工内耳と優生思想」中村満紀男編『優生学と障害者』明石書店: 691-724
中山哲志（なかやま・さとし）2009「第3章第2節 読み書き指導の実際」四日市章（よっかいち・あきら）編著『リテラシーと聴覚障害』コレール社: 103-116
西川吉之助（にしかわ・よしのすけ）1925「発音法によって我濱子を教育せし理由」『口

話式聾教育』1: 46-49
日本聴力障害新聞 1988「手話の窓」449 号（12 月 1 日）: 8
日本の聴覚障害教育構想プロジェクト委員会編 2005『日本の聴覚障害教育構想プロジェクト最終報告書』全日本ろうあ連盟・ろう教育の明日を考える連絡協議会
日本臨床心理学会編 1987『「早期発見・治療」はなぜ問題か』現代書館
ハインリッヒ・パトリック 2011「琉球諸語に関する社会言語学研究」『日本語の研究』7(4): 112-118
萩原浅五郎（はぎわら・あさごろう）1962「ろう児の手話・口話「ことば」の特異性――ことばによらない思考」『言語生活』130: 33-41
朴三石（ぱく・さむそく）2008『外国人学校――インターナショナル・スクールから民族学校まで』中央公論新社
橋村徳一（はしむら・のりかず）1925「聾教育の目的」『口話式聾教育』1: 14-17
―――― 1927「聾児の教育方針に就いて」『口話式聾教育』3 (1): 8-11
長谷川洋（はせがわ・ひろし）[1996]2000「「ろう文化宣言」、「ろう文化を語る」を読んでの疑問」現代思想編集部編『ろう文化』青土社: 101-109
長谷部倫子（はせべ・ともこ）2003「ろう学校には手話がない」全国ろう児をもつ親の会編『ぼくたちの言葉を奪わないで！――ろう児の人権宣言』明石書店: 172-185
林安紀子（はやし・あきこ）2012「聴覚障害の早期発見と支援に関する現状と課題」『発達障害研究』34 (4): 334-342
原田公人（はらだ・きみひと）2014「ろう学校における教育」加我君孝編集『新生児・幼小児の難聴』診断と治療社: 111-115
廣瀬宜礼（ひろせ・よりのり）2015「聴覚障がい児の早期発見の現状とこれからの課題――大阪における新生児聴覚スクリーニング検査事業の取り組みから（特集 ろう教育科学会第 56 回大会）」『ろう教育科学』56 (3・4): 135-184
広津侑実子（ひろつ・ゆみこ）、大沼直紀（おおぬま・なおき）、福島智（ふくしま・さとし）、児玉眞美（こだま・まみ）2014「明晴学園における早期教育の考察」『聴覚障害』通巻 759 号: 16-21
広中嘉隆（ひろなか・よしたか）2012「早期教育における手話」ろう教育科学会編『聴覚障害児教育の歴史と展望』風間書房: 155-168
本多創史（ほんだ・そうし）2003「生誕する「聾者」――新たなその身体と精神の創出過程」見田宗介、内田隆三、市野川容孝編『〈身体〉は何を語るのか』新世社: 35-53
ましこ・ひでのり 2014『ことばの政治社会学（新装版）』三元社
益田慎（ますだ・しん）2000「小児人工内耳をめぐって――医者の立場から」『手話コミュニケーション』35: 5-11
松井芳郎（まつい よしろう）、薬師寺公夫（やくしじ・きみお）、坂元茂樹（さかもと しげき）、小畑郁（おばた・かおる）、徳川信治（とくがわ・しんじ）編 2005『国際人権条約・宣言集（第 3 版）』東信堂

松岡和美（まつおか・かずみ）2015『日本手話で学ぶ手話言語学の基礎』くろしお出版
松沢豪（まつざわ・つよし）1963「幼稚部の読話と発語」北野藤治郎，松沢豪，始閣精太郎，猶村鋭彦『読話と発語（上）』日本特殊教育協会
――― 1985『聴覚障害とことば――零歳からの教育』聴覚障害者教育福祉協会出版部
松永達雄（まつなが・たつお）2014「難聴遺伝子変異」加我君孝編『新生児・幼小児の難聴』診断と治療社：19-25
松原洋子（まつばら・ようこ）2003a「医療技術と生命倫理」新生児聴覚スクリーニング検査を考えるシンポジウム準備委員会『新生児聴覚スクリーニング検査を考えるシンポジウム』：41-51
――― 2003b「新生児聴覚スクリーニングと生命倫理」『手話コミュニケーション研究』49: 18-23
森井結美（もりい・ゆみ）2004「国語科指導への支援――手話ビデオ教材を使ったワークショップの取り組み」『手話コミュニケーション研究』52: 27-32
森壮也（もり・そうや）2005「日本手話・日本手話話者」真田信治，庄司博史編『事典 日本の多言語社会』岩波書店：158-161
森尚彫（もり・なおえ）2015「日本における人工内耳の現状」『保険医療学雑誌』6（1）：15-23
文部省初等中等教育局特殊教育課 1993「聴覚障害児のコミュニケーション手段に関する調査研究協力者会議報告書」
矢沢国光（やざわ・くにてる）2000「聴覚手話法」『聴覚障害』4月号（最終閲覧日：2016年4月28日）http://www.normanet.ne.jp/~ww100114/library/li-27.htm
八代京子（やしろ・きょうこ）1994「帰国生と移民の言語――多言語社会の言語教育の観点から」ジョン・C・マーハ，本名信行編著『新しい日本観・世界観に向かって――日本における言語と文化の多様性』国際書院：100-115
保井隆之（やすい・たかゆき）2009『みんなが主人公の学校――学校はみんなでつくる場所』大日本図書
山下裕司（やました・ひろし）2012「聴覚に関わる社会医学的諸問題『新生児聴覚スクリーニングの現状と課題』」『Audiology Japan』55: 111-117
山本真弓（やまもと・まゆみ）編，臼井裕之（うすい・ひろゆき），木村護郎クリストフ（きむら・ごろうくりすとふ）2004『言語的近代を超えて――〈多言語状況〉を生きるために』明石書店
四日市章（よっかいち・あきら）2008「聴覚障害児の言語とコミュニケーションの方法」「中野善達，根本匡文編著『（改訂版）聴覚障害教育の基本と実際』田研出版：27-42
――― 2009「聴覚障害と読み書き」四日市章（よっかいち・あきら）編著『リテラシーと聴覚障害』コレール：89-103
――― 編著 2009『リテラシーと聴覚障害』コレール
米内山明宏（よないやま・あきひろ）1988『手話は語る――手話で考え手話で話す』評伝社
――― 1996「代表からのメッセージ」Dプロ『THE DEAF DAY'96』: 1

──── ［対談及び文責：松田一志（まつだ・かずし）］2008「巻頭インタビュー 40 特集 1 明晴学園開校、学校法人明晴学園理事長　米内山明宏さん（後編）」『いくおーる』 80 号：13-19

リリアン・テルミ・ハタノ 2011「在日ブラジル人を取り巻く「多文化共生」の諸問題」 植田晃次、山下仁編著『(新装版)「共生」の内実──批判的社会言語学からの問いかけ』三元社：55-80

脇中起余子（わきなか・きよこ）2009『聴覚障害教育これまでとこれから──コミュニケーション論争・9 歳の壁・障害認識を中心に』北大路書房

정혜경 2003『섹시즘（Sexism）남자들에 갇힌 여자』서울：휴머니스트（チョン・ヒェギョン 2003『セクシズム（Sexism）男たちに囚われた女』ソウル：ヒューマニスト）

조선학교 이야기 엮음 2014『조선학교 이야기：차별을 딛고 꿈꾸는 아이들』서울：선인 （=朝鮮学校物語日本版編集委員会編、地球村同胞連帯（KIN）、「学校無償化」からの朝鮮学校排除に反対する連絡会著 2015『朝鮮学校物語──あなたのとなりの「もうひとつの学校」』花伝社

Barnes, Colin, Mercer, Geoffrey, and Shakespeare Tom, 1999 *Exploring Disability: A Sociological Introduction, Cambridge,* U.K.：Polity Press.（= 1999 杉野昭博（すぎの・あきひろ）、松波めぐみ（まつなみ・めぐみ）、山下幸子（やました・さちこ）訳『ディスアビリティ・スタディーズ──イギリス障害学概論』明石書店）

Groce, Nora Ellen, 1988, *Everyone Here Spoke Sign Language: Hereditary Deafness on Martha's Vineyard.* Harvard University Press（= 1991 佐野正信（さの・まさのぶ）訳『みんなが手話で話した島』築地書館）

Hayashi Akiko and Tobin Joseph, 2014, "The Power of Implicit Teaching Practices: Continuities and Discontinuities in Pedagogical Approaches of Deaf and Hearing Preschools in Japan,"*Comparative Education Review,* 58（1）：24-46

Humphrey, Janice and Bob J. Alcorn, 1995, *So you want to be an interpreter?: an introduction to sign language interpreting ,* Amarillo, TX: H&H Publishers

Humphries, Tom, 1977, *Communicating across cultures（deaf-hearing）and language learning. Doctoral dissertation.* Cincinnati, OH: Union Institute and University

Lane, Harlan, 1992, *The Mask of Benevolence: Disabling the Deaf Community,* New York: Knopf（= 2007 長瀬修（ながせ・おさむ）訳『善意の仮面──聴能主義とろう文化の闘い』現代書館）

Nakamura Karen, 2006, *Deaf in Japan: Signing and the Politics of Identity,* Ithaca, NY: Cornell University Press

Pelka, Fred, 1997, *The ABC-CLIO：Companion to the Disability Rights Movement,* Santa Barbara, Calif: ABC-CLIO

Sacks, Oliver, 1989, *Seeing Voices: A Journey into the World of the Deaf,* Berkeley: University of California Press（= 1996 佐野正信（さの・まさのぶ）訳『手話の世界へ』晶文社）

Skutnabb-Kangas, Tove, 2000, *Language rights: problems and challenges in recent human rights instruments*. In Japanese（=2000 木村護郎（きむら・ごろう）編訳「言語権の現在」三浦信孝（みうら・のぶたか）、糟谷啓介（かすや・けいすけ）編『言語帝国主義とは何か』藤原書店：293-314

Romaine, Suzanne, 1994, *Language in Society: An Introduction to Sociolinguistics*. Oxford University.（= 1997 土田滋（つちだ・しげる）、高橋留美（たかはし・るみ）訳『社会のなかの言語』三省堂）

本書のテキストデータを提供いたします

　本書をご購入いただいた方のうち、視覚障害、肢体不自由などの理由で書字へのアクセスが困難な方に本書のテキストデータを提供いたします。希望される方は、以下の方法にしたがってお申し込みください。

◎データの提供形式＝CD-R、フロッピーディスク、メールによるファイル添付（メールアドレスをお知らせください）。

◎データの提供形式・お名前・ご住所を明記した用紙、返信用封筒、下の引換券（コピー不可）および200円切手（メールによるファイル添付をご希望の場合不要）を同封のうえ弊社までお送りください。

●本書内容の複製は点訳・音訳データなど視覚障害の方のための利用に限り認めます。内容の改変や流用、転載、その他営利を目的とした利用はお断りします。

◎あて先
〒160-0008
東京都新宿区三栄町17-2 木原ビル303
生活書院編集部　テキストデータ係

【引換券】
日本手話とろう教育

［執筆者略歴］

クァク・ジョンナン
（KWAK Jeong-ran）

韓国テジョン市在住。2016年に立命館大学大学院先端総合学術研究科の博士課程を修了（学術博士）。2014年に立命館大学衣笠綜合研究機構の専門研究員（生存学研究センター所属）として勤務。現在、韓国のペクソク大学非常勤講師。

著書に『韓国で障害学をする』学志社、2013年（ジョ・ハンジン編、カン・ミンヒ、チョン・ウン、チョ・ウォンイル、チョン・ジヘ、ジョン・ヒギョンとの共著）（朝鮮語）がある。
論文に「障害をめぐる言説の政治的理解——障害者当事者主義を中心に」『特殊教育ジャーナル——理論と実践』5（3）、2004年（キム・ビョンハとの共著）（朝鮮語）、「人工内耳をめぐる親の選択に関する質的研究」『特殊教育ジャーナル——理論と実践』11（2）、2010年（朝鮮語）、「なぜ、重度障害者は学校に行けなかったのか——障害者夜学に通っている障害者事例をもとに」『Core Ethics』8号、2012年などがある。

ウェブサイト：http://www.arsvi.com/w/kj04.htm
電子メール：kwak_jr@yahoo.co.jp

日本手話とろう教育
―― 日本語能力主義をこえて

発　行	2017年3月10日　初版第1刷発行
著　者	クァク・ジョンナン
発行者	髙橋　淳
発行所	株式会社　生活書院 〒160-0008 東京都新宿区三栄町 17-2 木原ビル 303 ＴＥＬ 03-3226-1203 ＦＡＸ 03-3226-1204 振替 00170-0-649766 http://www.seikatsushoin.com
印刷・製本	シナノ印刷株式会社

Printed in Japan
2017 © Kwak Jeong-ran
ISBN 978-4-86500-065-8

定価はカバーに表示してあります。
乱丁・落丁本はお取り替えいたします。